Healthy, Simple & Delicious

150 Airfryer Recipes

Simple, Sain & Délicieux

150 recettes pour Airfryer

Editors:
Caitlin Bart, Mona Wetter Dolgov, Bob Warden

Editeurs:
Caitlin Bart, Mona Wetter Dolgov, Bob Warden

Recipe creation:
Philips Culinary Team
Meal Easy
Partners in Publishing Culinary Team (Bob Warden, Mona Wetter Dolgov, Stephen Delaney)

Créations des recettes:
Equipe culinaire de Philips
Meal Easy
Partenaires de l'édition par l'équipe culinaire (Bob Warden, Mona Wetter Dolgov, Stephen Delaney)

Photography and Creative Production
Philips North America
Anne Sommers Welch
Albie Colantonio

Photographie et realization créative:
Philips Amérique du Nord
Anne Sommers Welch
Albie Colantonio

Graphic design and coordination:
Partners In Publishing Creative Team
(Leslie Anne Feagley)

Conception et coordination graphique:
Partnaires de l'édition par l'équipe culinaire
(Leslie Anne Feagley)

ISBN: 978-1-4951-7358-5

ISBN: 978-1-4951-7358-5

Published by:
Philips Electronic North America Corporation
P.O. Box 10313
Stamford, CT 06904

Publié par:
Philips Electronic North America Corporation
P.O. Box 10313
Stamford, CT 06904

Printed in China

Imprimé au Chine

10   9   8   7   6   5   4   3

Contents

Contenu

Contents

Contenu

Contents

Contenu

Contents

Contenu

Now.... Easier and Healthier Cooking

Crispy, fried foods without the guilt...that's just one of the amazing benefits of the Philips Airfryer. Our patented Rapid Air Technology provides the ultimate in crispness, with minimal added oils. The end result.... great taste with healthier results! From french fries, sweet potato fries, fish and chips and an assortment of delicious wings, this cookbook covers it all. Plus......

Want to have faster and crispy meals from the frozen food section?

The Philips Airfryer is a real time-saver (and energy saver, too!) There is only a 3-minute pre-heat, and the Airfryer cooks foods up to 50% faster than in a conventional oven!

Want to make delicious meals in 30 minutes or less for the family?

The Philips Airfryer can quickly make the most delicious stir-fry dinners, roasts, chicken and fish and even cook juicy burgers in minutes!

.....And delicious entrées and sides, too!

Our global chefs have created innovative international recipes, using flavorful ethnic ingredients, to add to your cooking repertoire!

What about breakfast and dessert?

From breakfast muffins, to indulgent brownies and cakes, the Philips Airfryer is YOUR easy-fast-bake baking oven to make delicious, time-saving breakfast baked goods and desserts!

We hope that you will enjoy using the Philips Airfryer as many others have around the world, and the recipes inside inspire you to cook healthy, well-balanced meals for you and your family.

Maintenant.... la cuisine facile et saine

Des aliments frits croustillants sans remords... ce n'est que l'un des avantages extraordinaires de la friteuse Airfryer de Philips. Notre technologie Rapid Air brevetée produit les résultats les plus croustillants qui soient, et ce avec très peu d'huile. Au final : un goût délicieux et des résultats plus sains! Frites, frites de patate douce, poisson frit, grand éventail de délicieuses ailes de poulet... ce livre de recettes est exhaustif.

Vous aimeriez trouver des repas plus rapides et plus croustillants dans la section des aliments surgelés?

La friteuse Airfryer de Philips vous fera économiser du temps (et de l'énergie!). Elle ne prend que 3 minutes à réchauffer et cuit les aliments jusqu'à 50 % plus rapidement qu'un four ordinaire!

Vous aimeriez préparer de délicieux repas pour toute la famille en 30 minutes ou moins?

La friteuse Airfryer de Philips peut rapidement cuire les sautés, les rôtis, le poulet et le poisson les plus savoureux, et même des hamburgers juteux en quelques minutes!

... Et aussi des plats principaux et des plats d'accompagnement délicieux!

Nos chefs de partout dans le monde ont créé des recettes internationales novatrices à partir d'ingrédients ethniques pleins de saveur, à ajouter à votre répertoire!

Et qu'en est-il du déjeuner et du dessert?

Pour les muffins au déjeuner, ou les brownies et les gâteaux, la friteuse Airfryer de Philips est VOTRE four rapide et facile pour préparer desserts et produits de boulangerie délicieux tout en vous faisant économiser du temps le matin!

Nous espérons que vous aimerez utiliser la friteuse Airfryer de Philips comme tant d'autres dans le monde entier; et que les recettes du livre vous encourageront à cuisiner des repas sains et bien équilibrés pour votre famille et vous-même.

Tips & Hints

- When making smaller items such as fries or croquettes, shake the basket once or twice during cooking to ensure the food is cooked evenly.

- Don't overcrowd the cooking basket. This impacts how the air circulates around the food, increases cooking time and causes suboptimal results.

Conseils et astuces

- Quand vous faites cuire des plus petits morceaux, comme des frites ou des croquettes, remuez le panier une ou deux fois durant la cuisson pour assurer une cuisson uniforme des aliments.

- Ne surchargez pas le panier de cuisson. Cela nuirait à la circulation de l'air autour des aliments, ferait augmenter le temps de cuisson et produirait des résultats sous-optimaux.

- Oil sprays and misters are excellent choices to evenly apply oil to food prior to cooking. They can also be used to spray the bottom of the mesh cooking basket to ensure food does not stick.

- Before cooking, preheat the Airfryer for 3 minutes.

- Soak the cooking basket in soapy water prior to scrubbing or placing in the dishwasher.

- When cooking foods that are naturally high in fat, such as chicken wings, occasionally empty fat from the bottom of the Airfryer during cooking to avoid excess smoke.

- When cooking foods that have been marinated or soaked in liquid, pat food dry before cooking to avoid splattering and excess smoke.

- For foods that require breading, press breading onto food to ensure it adheres. If breading is too dry, pieces may become airborne causing excess smoke or becoming trapped behind the exhaust filter.

- A variety of premade packaged frozen foods can be cooked in the Airfryer. As a guide, use the Frozen Food Charts provided in this book. If your favorite food is not included in the charts, you can lower the conventional oven temperature by 70 to 60 degrees and reduce the cooking time by half. Exact times and temperatures will vary by food. If an internal temperature of the cooked foods is specified on the packaging, be sure to cook to that minimum temperature.

- When using parchment paper or foil, trim to leave a 1/2-inch space around bottom edge of the basket.

- Consuming raw or undercooked meats, poultry, seafood, shellfish or eggs may increase your risk of foodborne illness.

- Les vaporisateurs ou brumisateurs d'huile sont d'excellents choix pour enduire uniformément les aliments avant la cuisson. Vous pouvez aussi les utiliser pour enduire le fond du panier de cuisson pour empêcher les aliments de coller.

- Avant la cuisson, préchauffez la friteuse Airfryer pendant 3 minutes.

- Faites tremper le panier dans de l'eau savonneuse avant de le récurer ou de le mettre au lave-vaisselle.

- Quand vous faites cuire des aliments naturellement gras, comme des ailes de poulet, videz occasionnellement le gras qui s'accumule au fond de la friteuse Airfryer durant la cuisson afin d'éviter la production excessive de fumée.

- Quand vous faites cuire des aliments marinés ou qui ont trempé dans un liquide, asséchez-les d'abord à l'essuie-tout pour prévenir les éclaboussures et la fumée excessive.

- Pour les aliments qui nécessitent une panure, appuyez sur la panure pour la faire adhérer aux aliments. Si la panure est trop sèche, des morceaux pourraient se détacher et s'envoler, se coinçant derrière le filtre ou produisant trop de fumée.

- Vous pouvez faire cuire tout un éventail d'aliments surgelés du commerce dans la friteuse Airfryer. Pour vous guider, consultez les tableaux pour aliments surgelés fournis dans ce livre. Si vos aliments favoris ne sont pas inclus dans les tableaux, vous pouvez soustraire de 70 à 60 degrés de la température d'un four ordinaire et réduire de moitié le temps de cuisson. Les temps et les températures exacts varieront selon l'aliment. Si une température interne des aliments cuits est indiquée sur l'emballage, assurez-vous de respecter cette température minimum.

- Quand vous utilisez du papier parchemin ou du papier d'aluminium, taillez-le de façon à laisser dépasser 1/2 po autour du fond du panier.

- Consommer de la viande, de la volaille, des fruits de mer ou des œufs crus ou pas assez cuits peut augmenter les risques de maladie d'origine alimentaire.

Airfryer Accessories
Accessoires pour Airfryer

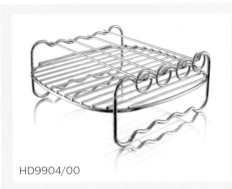

HD9904/00

Philips Airfryer Double Layer Rack with Skewers

Created exclusively for the Philips Airfryer the double layer rack maximizes the Airfryer's cooking surface and includes skewers to make vegetable or meat kabobs.

Grille à deux niveaux avec brochettes pour la fruiteuse Airfryer de Philips

Créé exclusivement pour la friteuse Airfryer de Philips, la grille à deux niveaux maximise la surface de cuisson et comprend des brochettes pour faire des légumes ou de la viande.

Philips Airfryer Non-Stick Grill Pan

Created exclusively for the Philips Airfryer, this Grill Pan has a ridged surface to grill and sear meat, fish and vegetables. It's non-stick surface is ideal for delicate food and is easy to clean.

Poêle à fond cannelé pour la friteuse Airfryer de Philips

Créé exclusivement pour la friteuse Airfryer de Philips, cette poêle est cannelée pour griller et saisir la viande, le poisson et les légumes. Sa surface non-adhésive est parfaite pour les aliments délicats et facilite le nettoyage.

HD9910/21

HD9925/00

Philips Airfryer Non-Stick Baking Dish

Created exclusively for the Philips Airfryer this non-stick Baking Pan allows you to bake cake, bread, quiche and more, in a quick, easy and healthy way.

Accessoire pour cuisson au four de la friteuse Airfryer de Philips

Créé exclusivement pour la friteuse Airfryer de Philips, cet accessoire facilite la cuisson rapide et saine des gateaux, du pain, et des quiches.

NOTE: Airfryer accessories sold separately
REMARQUE: Les accessoires pour Airfryer sont vendus séparément

Accessories are available for purchase on www.philips.com/kitchen (USA only)
Les accessoires sont en vente sur le site www.philips.com/kitchen (États-Unis seulement)

Traditional Frozen Fried Foods Guide
Aliments surgelés à frire

	Min−max amount (oz.) Quantité min.-max. (oz)	Time (minutes) Temps (min)	Temperature F° Temp. (°F)	Shake halfway Remuer à mi-cuisson
Thin fries Petites frites	10-25 10-25	12-16 12-16	390 390	x x
Thick fries Grosses frites	10-25 10-25	12-16 12-16	390 390	x x
Crinkle cut fries Frites ondulées	10-26 10-26	10-12 10-12	390 390	x x
Potato wedges Quartiers de pomme de terre	10-28 10-28	18-25 18-25	360 360	x x
Potato cubes Cubes de pomme de terre	10-28 10-28	18-25 18-25	360 360	x x
Hash browns Pommes de terre rissolées	2 patties (2.25 oz.) 2 galettes (2.25 oz.)	8-10 8-10	390 390	x x
Tater tots Croquettes de pomme de terre	10 pieces 10 pièces	12-14 12-14	360 360	x x
Cheese sticks Bâtonnets de fromage	10-25 10-25	12-16 12-16	390 390	x x
Chicken nuggets Croquettes de poulet	10-25 10-25	10-14 10-14	360 360	x x
Fish sticks & filets Bâtonnets et filets de poisson	10-25 10-25	12-16 12-16	390 390	x x
Chicken wings Ailes de poulet	10-25 10-25	12-16 12-16	390 390	x x
Drumsticks Pilons de poulet	10-25 10-25	12-16 12-16	390 390	x x
Breaded chicken breasts Poitrines de poulet panées	10-25 10-25	8-14 8-14	360 360	x x

Traditional Frozen Oven-Baked Foods Guide
Aliments surgelés à cuire au four

	Min–max amount (oz.) Quantité min.-max. (oz)	Time (minutes) Temps (min)	Temperature F° Temp. (°F)	Turn halfway Tourner à mi-cuisson
Breakfast sandwiches Sandwichs déjeuner	13.8 13.8	8-10 8-10	330 330	x x
Breakfast toaster strudel Grillardises déjeuner	3.0 3.0	4 4	330 330	x x
Pizza rolls Roulés de pizza	10-20 10-20	6-8 6-8	390 390	x x
Burritos Burritos	5-10 5-10	18-20 18-20	330 330	x x
Taquitos Taquitos	1-8 1-8	5-7 5-7	360 360	x x
Meatballs Boulettes de viande	10 10	8-10 8-10	330 330	x x
Fried Dumplings Jiaozis (dumplings)	10-25 10-25	12-16 12-16	390 390	x x
Pocket Sandwiches Pochettes-sandwichs	6-24 6-24	14-16 14-16	330 330	x x
Meat pot pies Pâtés à la viande	7 7	18-20 18-20	390 390	x x
Vegetable spring rolls Rouleaux impériaux aux légumes	8.8 8.8	10-12 10-12	390 390	x x
Vegetable burgers Burgers de légumes	10 10	6-8 6-8	390 390	x x
Frozen fruit pies Tartes aux fruits surgelées	7 7	15-17 15-17	390 390	x x
Puff pastry turnovers Chaussons	12.5 12.5	10-12 10-12	390 390	x x

AIR-FRIES & DIPS

FRITES DE L'AIR & LES TREMPETTES

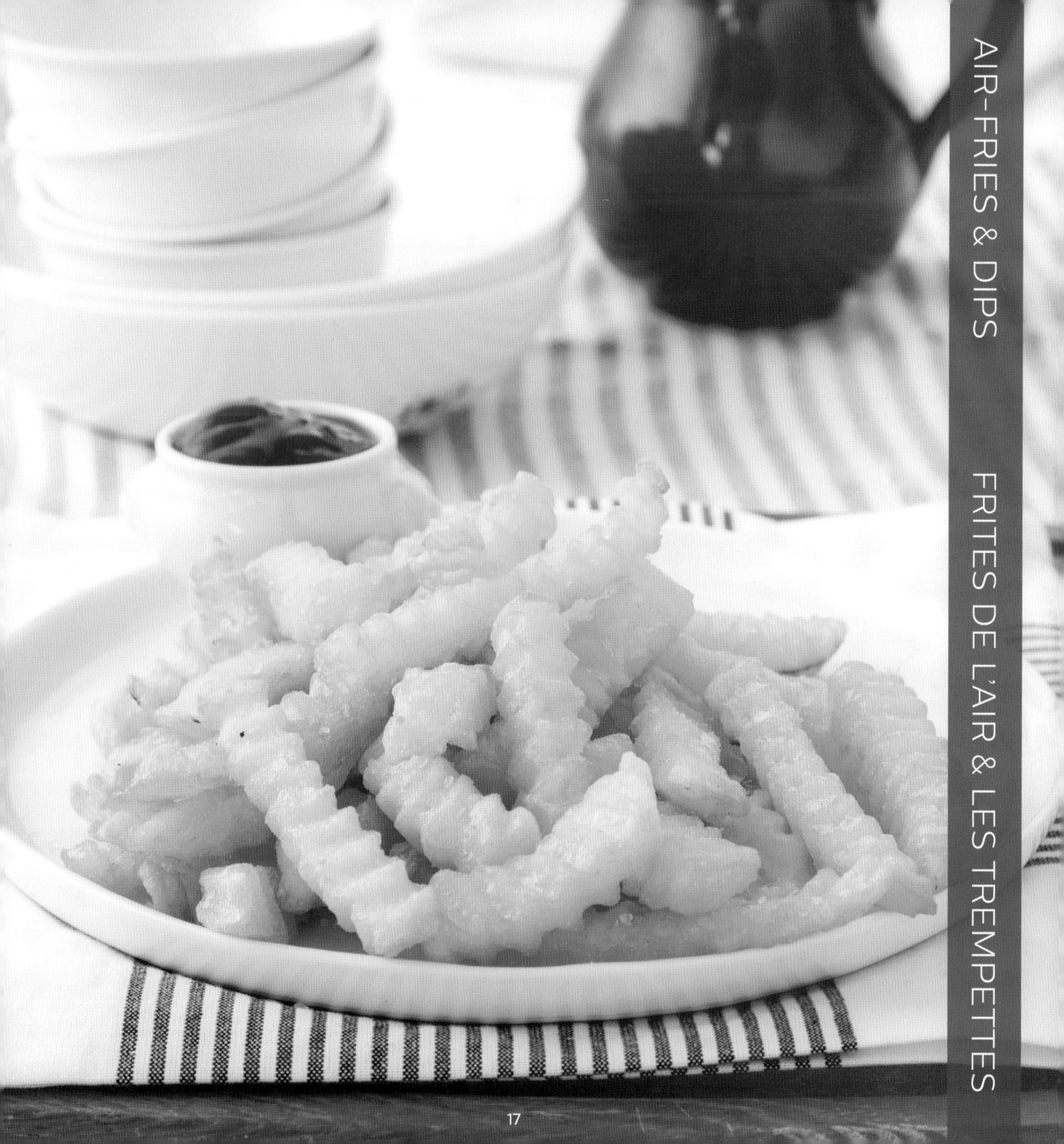

PREP TIME: 70 minutes
COOK TIME: 10–15 minutes
SERVES: 2–4

  EN

PRÉPARATION : 70 minutes
CUISSON : de 10 à 15 minutes
PORTIONS : de 2 à 4

FR

Crispy Potato Skin Wedges

Pommes de terre croustillantes avec la pelure

Ingredients

2 small russet potatoes
3 tablespoons canola oil
1 teaspoon paprika
1/4 teaspoon salt
1/4 teaspoon black pepper

Ingrédients

2 petites pommes de terre Russet
45 ml (3 c. à soupe) d'huile de canola
5 ml (1 c. à thé) de paprika
1 ml (1/4 c. à thé) de sel
1 ml (1/4 c. à thé) de poivre noir

Preparation

1. Scrub the potatoes under running cold water to clean. Boil potatoes in salted water for 40 minutes, or until fork-tender. Drain and place in a mixing bowl. Cool completely (approximately 30 minutes) in the refrigerator.

2. In a mixing bowl, combine oil, paprika, salt and pepper. Cut cooled potatoes into quarters and lightly toss in the oil mixture.

3. Preheat Airfryer to 390°F.

4. Place the potato wedges, skin side down, into the cooking basket and slide into the Airfryer. Cook for 10–15 minutes, or until golden brown and crispy.

Préparation

1. Laver les pommes de terre en les frottant sous l'eau froide. Faire bouillir les pommes de terre dans de l'eau salée 40 minutes ou jusqu'à ce qu'elles soient tendres. Les égoutter et les déposer dans un bol. Laisser refroidir complètement les pommes de terre au réfrigérateur (environ 30 minutes).

2. Dans un bol, mélanger l'huile, le paprika, le sel et le poivre. Couper les pommes de terre refroidies en quartiers et les enrober délicatement du mélange d'huile.

3. Préchauffer la friteuse Airfryer à 390 °F.

4. Déposer les quartiers de pomme de terre, la peau vers le bas, dans le panier de cuisson et glisser le panier dans la friteuse Airfryer. Cuire de 10 à 15 minutes, ou jusqu'à ce que les pommes de terre soient dorées et croustillantes.

PREP TIME: 30 minutes
COOK TIME: 20 minutes
SERVES: 2

 PRÉPARATION : 30 minutes
CUISSON : 20 minutes
PORTIONS : 2

Fried Potato Slices

Ingredients

1 pound Yukon Gold potatoes

1 clove garlic, minced

1 tablespoon fresh thyme

2 tablespoons olive oil

Salt to taste

Preparation

1. Peel the potatoes. On a clean cutting board, slice them into thin disks to make chips. Soak them in water for 30 minutes.

2. Preheat Airfryer to 360°F. Drain potatoes in a colander and pat the chips dry with a paper towel.

3. In a mixing bowl, add the garlic, thyme and olive oil. Thoroughly mix together with a wire whisk. Add the potatoes into the bowl. Toss to coat the potato chips evenly.

4. Transfer the potato chips into the cooking basket and slide into the Airfryer. Cook for 10 minutes. Remove the basket and shake the chips to separate. Slide the basket back into the Airfryer and cook for an additional 10 minutes. Remove, sprinkle with salt and serve.

Croustilles de pommes de terre frites

Ingrédients

450 g (1 lb) de pommes de terre Yukon Gold

1 gousse d'ail, émincée

15 ml (1 c. à soupe) de thym frais

30 ml (2 c. à soupe) d'huile d'olive

Sel, au goût

Préparation

1. Éplucher les pommes de terre. Sur une planche à découper propre, couper les pommes de terre en tranches fines pour faire des croustilles. Laisser les tranches tremper dans l'eau 30 minutes.

2. Préchauffer la friteuse Airfryer à 360 °F. Égoutter les pommes de terre dans une passoire et sécher les croustilles en les essuyant avec un essuie-tout.

3. Dans un bol, mélanger l'ail, le thym et l'huile d'olive. Bien mélanger la préparation avec un fouet. Ajouter les croustilles de pommes de terre dans le bol. Remuer les croustilles pour bien les enrober d'huile.

4. Transférer les croustilles de pomme de terre dans le panier de cuisson et glisser le panier dans la friteuse Airfryer. Cuire 10 minutes. Retirer les croustilles et les secouer pour les séparer. Glisser à nouveau le panier de cuisson dans la friteuse Airfryer et cuire 10 minutes de plus. Retirer, saupoudrer de sel et servir.

PREP TIME: 10 minutes
COOK TIME: 20 minutes
SERVES: 2

 EN

 PRÉPARATION : 10 minutes
CUISSON : 20 minutes
PORTIONS : 2

FR

Spicy Country Fries

Ingredients

1 pound Yukon Gold potatoes

2 dried chilies

1½ teaspoons black pepper

1½ teaspoons curry powder

1 tablespoon olive oil

Salt to taste

Preparation

1. Peel the potatoes. On a clean cutting board, slice them into fries ½ inch thick. Soak them in water for at least 30 minutes.

2. Preheat Airfryer to 360°F. Drain potatoes in a colander and pat the fries dry with a paper towel.

3. Using a mortar and pestle, crush the chilies very finely. In a medium-sized mixing bowl, add the chilies, black pepper, curry powder and olive oil. Thoroughly mix with a wire whisk. Place potatoes into the bowl and toss to coat the fries evenly.

4. Place the potatoes into the cooking basket and slide into the Airfryer. Cook for 10 minutes. Remove the basket from the Airfryer and shake the fries to separate. Slide the basket back into the Airfryer and cook for an additional 10 minutes. Remove, sprinkle with salt and serve.

Frites campagnardes épicées

Ingrédients

450 g (1 lb) de pommes de terre Yukon Gold

2 piments chili séchés

8 ml (1½ c. à thé) de poivre noir

8 ml (1½ c. à thé) de poudre de cari

15 ml (1 c. à soupe) d'huile d'olive

Sel, au goût

Préparation

1. Éplucher les pommes de terre. Sur une planche à découper propre, les découper en frites de 2,5 cm (1 po) d'épaisseur. Laisser les frites tremper dans l'eau 30 minutes.

2. Préchauffer la friteuse Airfryer à 360 °F. Égoutter les frites dans une passoire et les sécher en les essuyant avec un essuie-tout.

3. En utilisant un mortier et un pilon, broyer les piments chili très finement. Dans un bol moyen, ajouter les piments chili, le poivre noir, la poudre de cari et l'huile d'olive. Bien mélanger la préparation avec un fouet. Ajouter les frites dans le bol et les enrober uniformément avec la préparation.

4. Déposer les pommes de terre dans le panier de cuisson et glisser le panier dans la friteuse Airfryer. Cuire 10 minutes. Retirer le panier de la friteuse Airfryer et secouer les frites pour les séparer. Glisser à nouveau le panier de cuisson dans la friteuse Airfryer et cuire 10 minutes de plus. Retirer le panier, saupoudrer les frites de sel et servir.

PREP TIME: 15 minutes
COOK TIME: 20 minutes
SERVES: 2

 PRÉPARATION : 15 minutes
CUISSON : 20 minutes
PORTIONS : 2

Sweet Potato Fries

Ingredients

2 medium sweet potatoes

1 tablespoon olive oil

Salt to taste

Preparation

1. Peel sweet potatoes and cut into fries approximately ³/₄ inch thick. Soak in water for 10 minutes.

2. Preheat Airfryer to 360°F. Drain the sweet potato fries into a colander and pat dry with a paper towel. In a mixing bowl, add the fries and oil. Toss to coat evenly.

3. Place the sweet potato fries into the cooking basket and slide into the Airfryer. Cook for 10 minutes. Remove the basket and shake the fries to separate. Slide the basket back into the Airfryer and cook for an additional 10 minutes, until brown and crispy. Remove, sprinkle with salt and serve.

Frites de patates douces

Ingrédients

2 patates douces moyennes

15 ml (1 c. à soupe) d'huile d'olive

Sel, au goût

Préparation

1. Éplucher les patates douces et les couper en frites d'environ 2 cm (³/₄ po) d'épaisseur. Laisser les frites tremper dans l'eau 10 minutes.

2. Préchauffer la friteuse Airfryer à 360 °F. Égoutter les frites dans une passoire et les sécher en les tapotant avec un essuie-tout. Dans un bol, ajouter les frites et l'huile. Remuer les frites pour les enrober uniformément d'huile.

3. Déposer les frites de patates douces dans le panier de cuisson et glisser le panier dans la friteuse Airfryer. Cuire 10 minutes. Retirer le panier et secouer les frites pour les séparer. Glisser à nouveau le panier dans la friteuse Airfryer et cuire 10 minutes de plus ou jusqu'à ce que les frites soient dorées et croustillantes. Retirer le panier, saupoudrer les frites de sel et servir.

PREP TIME: 35 minutes
COOK TIME: 30 minutes
SERVES: 2

EN

PRÉPARATION : 35 minutes
CUISSON : 30 minutes
PORTIONS : 2

FR

French Fries

Ingredients

2 medium russet potatoes, peeled
1 tablespoon canola oil
Salt to taste

Preparation

1. Cut the peeled potatoes into approximately ³/₄-inch fries. Soak the potatoes in water for at least 30 minutes. Drain thoroughly into a colander and pat dry with a paper towel.

2. Preheat Airfryer to 330°F.

3. In a large bowl, add the potatoes and oil. Toss to coat evenly. Place the potatoes into the cooking basket and slide into the Airfryer. Cook for 5 minutes. Remove from the basket and set aside to cool for 10 minutes.

4. Increase the temperature of the Airfryer to 390°F. Slide the basket with the cooled potatoes back into the Airfryer. Cook for an additional 7 minutes. Remove the basket and shake the fries to separate. Slide the basket back into the Airfryer and cook for an additional 8 minutes, or until golden brown. Remove, sprinkle with salt and serve.

> **TIP**
>
> Thicker-cut potatoes take longer to cook; thinner fries cook faster.

Frites

Ingrédients

2 pommes de terre Russet moyennes, épluchées
15 ml (1 c. à soupe) d'huile de canola
Sel, au goût

Préparation

1. Couper les pommes de terre épluchées en frites d'environ 2 cm (³/₄ po). Laisser tremper les frites dans l'eau durant au moins 30 minutes. Bien égoutter les frites dans une passoire et les sécher en les tapotant avec un essuie-tout.

2. Préchauffer la friteuse Airfryer à 330 °F.

3. Dans un grand bol, ajouter les frites et l'huile. Remuer pour enrober uniformément les frites d'huile. Déposer les frites dans le panier de cuisson et glisser le panier dans la friteuse Airfryer. Cuire 5 minutes. Retirer les frites du panier et les laisser refroidir 10 minutes.

4. Augmenter la température de la friteuse Airfryer à 390 °F. Glisser à nouveau le panier avec les frites refroidies dans la friteuse Airfryer. Cuire 7 minutes de plus. Retirer les frites et les secouer pour les séparer. Glisser à nouveau le panier dans la friteuse Airfryer et cuire 8 minutes de plus ou jusqu'à ce que les frites soient dorées. Retirer, saupoudrer de sel et servir.

> **CONSEILS**
>
> Des frites plus épaisses prennent plus de temps à cuire, alors que des frites plus minces cuisent plus rapidement.

PREP TIME: 33 minutes
COOK TIME: 20 minutes
SERVES: 2

EN

 PRÉPARATION : 33 minutes
CUISSON : 20 minutes
PORTIONS : 2

FR

Potato Cubes

Ingredients

1 pound Yukon Gold potatoes

1 tablespoon olive oil

Salt to taste

Preparation

1. Peel the potatoes. On a clean cutting board, slice them into 1-inch cubes. Soak them in water for 30 minutes.

2. Preheat Airfryer to 330°F.

3. Drain potatoes in a colander and pat the cubes dry with a paper towel.

4. In a mixing bowl, add the potatoes and oil. Toss to coat evenly.

5. Place the potato cubes into the cooking basket and slide into the Airfryer. Cook for 10 minutes. Remove the basket from the Airfryer and shake the potatoes to separate. Slide the basket back into the Airfryer and cook for an additional 10 minutes, or until golden brown. Remove, sprinkle with salt and serve.

Pommes de terre en cubes

Ingrédients

450 g (1 lb) de pommes de terre Yukon Gold

15 ml (1 c. à soupe) d'huile d'olive

Sel, au goût

Préparation

1. Éplucher les pommes de terre. Sur une planche à découper propre, les découper en cubes de 2,5 cm (1 po). Laisser les cubes tremper dans l'eau 30 minutes.

2. Préchauffer la friteuse Airfryer à 330 °F.

3. Égoutter les pommes de terre dans une passoire et sécher les cubes en les essuyant avec un essuie-tout.

4. Dans un bol, ajouter les cubes et l'huile. Remuer pour enrober uniformément les cubes d'huile.

5. Déposer les cubes de pommes de terre dans le panier de cuisson et glisser le panier dans la friteuse Airfryer. Cuire 10 minutes. Retirer le panier de la friteuse Airfryer et secouer les cubes de pommes de terre pour les séparer. Glisser à nouveau le panier dans la friteuse Airfryer et cuire 10 minutes de plus ou jusqu'à ce que les cubes soient dorés. Retirer, saupoudrer de sel et servir.

PREP TIME: 5 minutes
COOK TIME: 10–12 minutes
SERVES: 2

 EN

 PRÉPARATION : 5 minutes
CUISSON : de 10 à 12 minutes
PORTIONS : 2

FR

Canadian Poutine

Ingredients

12 ounces of your favorite frozen french fries

¼ cup red wine

1 cup of beef stock

1 (1.2-ounce) packet brown gravy mix

1 (5-ounce) package cheddar cheese curds*

Salt to taste

Preparation

1. Preheat Airfryer to 390°F.

2. Place the french fries into the cooking basket and slide into the Airfryer. Cook according to recipe instructions.

3. While fries are cooking, place wine, beef stock and gravy mix in a sauté pan. Bring to a simmer over medium-high heat, stirring with a whisk until gravy coats the back of a spoon.

4. When the fries are done, remove them from the Airfryer and divide into two large serving bowls.

5. Salt to taste and sprinkle with the cheese curds. Pour the gravy over the top and serve.

TIP

*If cheddar cheese curds are not available at your local grocery, you can order online. We recommend Ellsworth Cooperative at *www.ellsworth-cheese.com*.

Poutine canadienne

Ingrédients

340 g (12 oz) de vos frites préférées

60 ml (¼ tasse) de vin rouge

250 ml (1 tasse) de bouillon de bœuf

1 paquet de 35 g (1,2 oz) de mélange à sauce brune

1 paquet de 140 g (5 oz) de cheddar en grains*

Sel, au goût

Préparation

1. Préchauffer la friteuse Airfryer à 390 °F.

2. Déposer les frites dans le panier de cuisson et glisser le panier dans la friteuse Airfryer. Cuire en suivant les instructions de la recette.

3. Pendant que les frites cuisent, verser dans une poêle le vin, le bouillon de bœuf et le mélange à sauce brune. Porter à ébullition et laisser mijoter à feu moyen-vif, en remuant avec un fouet, jusqu'à ce que la sauce nappe le dos de la cuillère.

4. Lorsque les frites sont cuites, les retirer de la friteuse Airfryer et les répartir dans deux grands bols de service.

5. Saler, au goût, et garnir de cheddar en grains. Verser la sauce sur les frites et servir.

CONSEILS

*Si votre épicerie locale n'offre pas de cheddar en grains, vous pouvez le commander en ligne. Nous recommandons le fromage de la Ellsworth Cooperative à l'adresse *www. ellsworth-cheese. com*.

PREP TIME: 5 minutes
COOK TIME: 12 minutes
SERVES: 2

EN

 PRÉPARATION : 5 minutes
CUISSON : 12 minutes
PORTIONS : 2

FR

Eggplant Fries

Ingredients

1 medium eggplant
3 tablespoons olive oil
Salt to taste

Preparation

1. Preheat Airfryer to 390°F.

2. Cut eggplant, skin on, into 1 x 3-4-inch fries fries.

3. In a mixing bowl, add the olive oil and fries. Toss to coat evenly.

4. Place the eggplant fries into the cooking basket and slide into the Airfryer. Cook for 6 minutes. Remove the basket and shake the fries to separate. Slide the basket back into the Airfryer and cook for an additional 6 minutes, or until eggplant starts to brown. Remove, sprinkle with salt and serve.

Frites d'aubergine

Ingrédients

1 aubergine moyenne
45 ml (3 c. à soupe) d'huile d'olive
Sel, au goût

Préparation

1. Préchauffer la friteuse Airfryer à 390 °F.

2. Couper l'aubergine, avec la peau, en frites de 2,5 cm (1 po) d'épaisseur et 7 à 10 cm (3 à 4 po) de long.

3. Dans un bol, ajouter l'huile d'olive et les frites. Remuer pour enrober uniformément les frites d'huile.

4. Déposer les frites d'aubergine dans le panier de cuisson et glisser le panier dans la friteuse Airfryer. Cuire 6 minutes. Retirer les frites et les secouer pour les séparer. Glisser à nouveau le panier dans la friteuse Airfryer et cuire 6 minutes de plus ou jusqu'à ce que les frites d'aubergine commencent à dorer. Retirer, saupoudrer de sel et servir.

PREP TIME: 5 minutes
COOK TIME: 12 minutes
SERVES: 4

PRÉPARATION : 5 minutes
CUISSON : 12 minutes
PORTIONS : 4

Zucchini Fries

Ingredients

4 medium zucchini
3 tablespoons olive oil
Salt to taste

Preparation

1. Preheat Airfryer to 390°F.

2. Cut zucchini into approximately ³/₄-inch-thick fries. In a mixing bowl, add zucchini and olive oil. Toss to coat zucchini evenly.

3. Place half of the zucchini fries into the cooking basket and slide into the Airfryer. Cook for 6 minutes. Remove the basket and shake the fries to separate. Slide the basket back into the Airfryer and cook for an additional 6 minutes, or until zucchini fries start to brown. Repeat the process until all of the zucchini fries are cooked. Remove, sprinkle with salt and serve.

Frites de courgettes

Ingrédients

4 courgettes moyennes
45 ml (3 c. à soupe) d'huile d'olive
Sel, au goût

Préparation

1. Préchauffer la friteuse Airfryer à 390 °F.

2. Découper les courgettes en frites d'environ 2 cm (³/₄ po) d'épaisseur. Dans un bol, mélanger les frites et l'huile d'olive. Remuer les frites pour les enrober uniformément d'huile.

3. Déposer la moitié des frites de courgettes dans le panier de cuisson et glisser le panier dans la friteuse Airfryer. Cuire 6 minutes. Retirer le panier et secouer les frites pour les séparer. Glisser à nouveau le panier dans la friteuse Airfryer et cuire 6 minutes de plus ou jusqu'à ce que les frites commencent à dorer. Répéter la procédure jusqu'à ce que toutes les frites de courgettes soient cuites. Retirer le panier, saupoudrer les frites de sel et servir.

PREP TIME: 5 minutes
COOK TIME: 12 minutes
SERVES: 2

Parsnip Fries

Ingredients

4 medium parsnips
2 tablespoons olive oil
Salt to taste

Preparation

1. Preheat Airfryer to 360°F. Peel and cut parsnips into fries about ³/₄ inch thick.

2. In a mixing bowl, add the oil and parsnips. Toss to coat parsnips evenly.

3. Place the parsnip fries into the cooking basket and slide into the Airfryer. Cook for 6 minutes. Remove the basket and shake the fries to separate. Slide the basket back into the Airfryer and cook for an additional 6 minutes, or until parsnips start to brown. Remove, sprinkle with salt and serve.

 PRÉPARATION : 5 minutes
CUISSON : 12 minutes
PORTIONS : 2

Frites de panais

Ingrédients

4 panais moyens
30 ml (2 c. à soupe) d'huile d'olive
Sel, au goût

Préparation

1. Préchauffer la friteuse Airfryer à 360 °F. Éplucher les panais et les découper en frites d'environ 2 cm (³/₄ po) d'épaisseur.

2. Dans un bol, ajouter l'huile d'olive et les frites de panais. Remuer pour enrober uniformément les frites d'huile.

3. Déposer les frites de panais dans le panier de cuisson et glisser le panier dans la friteuse Airfryer. Cuire 6 minutes. Retirer le panier et secouer les frites pour les séparer. Glisser à nouveau le panier dans la friteuse Airfryer et cuire 6 minutes de plus ou jusqu'à ce que les frites de panais commencent à dorer. Retirer, saupoudrer de sel et servir.

 **PREP TIME:** 15 minutes
SERVES: 2

 EN

 PRÉPARATION : 15 minutes
PORTIONS : 2

FR

Sweet and Sour Dipping Sauce

Ingredients

2 tablespoons sugar

2 tablespoons apple cider vinegar

2 tablespoons ketchup

1 tablespoon soy sauce

1 teaspoon garlic powder

Preparation

1. In a small mixing bowl, thoroughly mix all of the ingredients with a wire whisk. Serve chilled as a dipping sauce for fries.

Trempette à la sauce aigre-douce

Ingrédients

30 ml (2 c. à soupe) de sucre

30 ml (2 c. à soupe) de vinaigre de cidre

30 ml (2 c. à soupe) de ketchup

15 ml (1 c. à soupe) de sauce soya

5 ml (1 c. à thé) de poudre d'ail

Préparation

1. Dans un bol, bien mélanger tous les ingrédients avec un fouet. Servir avec les frites comme trempette.

PREP TIME: 5 minutes
SERVES: 4

 PRÉPARATION : 5 minutes
PORTIONS : 4

Creamy Horseradish

Ingredients

³/₄ cup sour cream

2 tablespoons prepared horseradish

1 tablespoon fresh squeezed lemon juice

¹/₂ teaspoon salt

Preparation

1. In a mixing bowl, thoroughly mix all of the ingredients with a wire whisk. Serve as a dipping sauce for fries.

Sauce crémeuse au raifort

Ingrédients

180 ml (³/₄ tasse) de crème sure

30 ml (2 c. à soupe) de raifort préparé

15 ml (1 c. à soupe) de jus de citron fraîchement pressé

2,5 ml (¹/₂ c. à thé) de sel

Préparation

1. Dans un bol, bien mélanger tous les ingrédients avec un fouet. Servir avec les frites comme trempette.

 **PREP TIME:** 5 minutes
SERVES: 4   EN

PRÉPARATION : 5 minutes
PORTIONS : 4 FR

Mexican Ketchup Relish

Ingredients

³/₄ cup ketchup

¹/₄ cup sweet relish

1 tablespoon apple cider vinegar

1 teaspoon cumin

¹/₄ cup cilantro leaves

1 tablespoon whole-grain mustard

Preparation

1. In a mixing bowl, thoroughly mix all of the ingredients with a wire whisk. Serve as a dipping sauce for fries.

Ketchup vert à la mexicaine

Ingrédients

180 ml (³/₄ tasse) de ketchup

60 ml (¹/₄ tasse) de relish sucrée

15 ml (1 c. à soupe) de vinaigre de cidre

5 ml (1 c. à thé) de cumin

60 ml (¹/₄ tasse) de feuilles de coriandre

15 ml (1 c. à soupe) de moutarde à l'ancienne

Préparation

1. Dans un bol, bien mélanger tous les ingrédients avec un fouet. Servir avec les frites comme trempette.

 **PREP TIME:** 3 minutes
SERVES: 2

 **PRÉPARATION :** 3 minutes
PORTIONS : 2

Yogurt Dip

Ingredients

½ cup plain Greek yogurt

2 tablespoons chopped fresh chives

2 tablespoons chopped flat-leaf parsley

Salt and pepper to taste

Preparation

1. In a small mixing bowl, add the yogurt, chives and parsley. Thoroughly mix with a wire whisk. Season with salt and pepper. Serve chilled as a dipping sauce for fries.

Trempette au yogourt

Ingrédients

125 ml (½ tasse) de yogourt grec nature

30 ml (2 c. à soupe) de ciboulette fraîche hachée

30 ml (2 c. à soupe) de persil italien haché

Sel et poivre, au goût

Préparation

1. Dans un petit bol, ajoutez le yogourt, la ciboulette et le persil. Bien mélanger la préparation avec un fouet. Assaisonner de sel et de poivre. Servir froid avec les frites comme trempette.

 **PREP TIME:** 3 minutes
SERVES: 3–5

 PRÉPARATION : 3 minutes
PORTIONS : de 3 à 5

Chili & Tarragon Mayonnaise	Mayonnaise au chili et à l'estragon

Ingredients

³/₄ cup mayonnaise

1 tablespoon finely chopped fresh tarragon

1 teaspoon chili powder

Preparation

1. In a small mixing bowl, thoroughly mix all of the ingredients with a wire whisk. Serve chilled as a dipping sauce for fries.

Ingrédients

180 ml (³/₄ tasse) de mayonnaise

15 ml (1 c. à soupe) d'estragon frais haché finement

5 ml (1 c. à thé) de poudre de chili

Préparation

1. Dans un petit bol, bien mélanger tous les ingrédients avec un fouet. Servir froid avec les frites comme trempette.

Cranberry Muffins/Muffins aux canneberges, p. 40

PREP TIME: 10 minutes
COOK TIME: 15 minutes
SERVES: 4

 PRÉPARATION : 10 minutes
CUISSON : 15 minutes
PORTIONS : 4

Cranberry Muffins

Ingredients

5 tablespoons all-purpose flour

1 ½ teaspoons baking powder

1 teaspoon ground cinnamon

3 tablespoons sugar

⅛ teaspoon salt

1 small egg

⅓ cup milk

4 tablespoons butter, melted

⅓ cup dried cranberries

Preparation

1. Preheat Airfryer to 390°F. Double up eight paper muffin cups, to form four cups in total.

2. In a mixing bowl, sift the flour. Add the baking powder, cinnamon, sugar and salt. Mix well.

3. In a separate mixing bowl, lightly beat the egg and add the milk and melted butter. Stir this mixture into the flour mixture. Add the cranberries and mix until evenly incorporated in the batter.

4. Spoon the batter into the doubled muffin cups. Carefully place them into the cooking basket and slide into the Airfryer. Cook for 15 minutes until golden brown and cooked through.

Muffins aux canneberges

Ingrédients

75 ml (5 c. à soupe) de farine tout usage

8 ml (1 ½ c. à thé) de poudre à pâte

5 ml (1 c. à thé) de cannelle moulue

45 ml (3 c. à soupe) de sucre

0,5 ml (⅛ c. à thé) de sel

1 petit œuf

80 ml (⅓ tasse) de lait

60 ml (4 c. à soupe) de beurre, fondu

80 ml (⅓ tasse) de canneberges séchées

Préparation

1. Préchauffer la friteuse Airfryer à 390 °F. Doubler huit moules à muffins individuels en papier afin de former quatre moules au total.

2. Dans un bol, tamiser la farine. Ajouter la poudre à pâte, la cannelle, le sucre et le sel. Bien mélanger.

3. Dans un autre bol, battre délicatement l'œuf et ajouter le lait et le beurre fondu. Incorporer le mélange dans le mélange de farine. Ajouter les canneberges et mélanger jusqu'à ce qu'elles soient uniformément incorporées à la pâte.

4. Verser la pâte à la cuillère dans les moules à muffins doublés. Placer délicatement les moules dans le panier de cuisson et glisser le panier dans la friteuse Airfryer. Cuire 15 minutes, jusqu'à ce que les muffins soient brun doré et bien cuits.

PREP TIME: 5 minutes
COOK TIME: 45 minutes
SERVES: 4

EN

 PRÉPARATION : 5 minutes
CUISSON : 45 minutes
PORTIONS : 4

FR

Healthy Power Granola

Ingredients

1 cup rolled quick-cooking oats

½ cup chopped walnuts

½ cup sliced almonds

¼ cup wheat germ

3 tablespoons canola oil

¼ cup honey

½ teaspoon vanilla extract

½ teaspoon ground cinnamon

¼ teaspoon salt

Preparation

1. In a mixing bowl, place the oats, walnuts, almonds and wheat germ.

2. In a saucepan, place the oil, honey, vanilla, cinnamon and salt. Bring to a simmer over medium-low heat for 5 minutes.

3. Pour the honey mixture over the dry ingredients and stir.

4. Preheat Airfryer to 240°F.

5. Place the mixture into the **Philips Airfryer Non-Stick Baking Dish**. Place the baking dish into the cooking basket and slide into the Airfryer. Cook for 20 minutes.

6. Remove the baking dish, stir and cook for another 20 minutes.

7. Pour the mixture evenly onto a pan and allow to cool.

8. Granola can be stored in an airtight container up to 14 days.

TIP

Add dried cranberries or cherries to the mixture.

Granola santé

Ingrédients

250 ml (1 tasse) de flocons d'avoine à cuisson rapide

125 ml (½ tasse) de noix hachées

125 ml (½ tasse) d'amandes tranchées

60 ml (¼ tasse) de germe de blé

45 ml (3 c. à soupe) d'huile de canola

60 ml (¼ tasse) de miel

2,5 ml (½ c. à thé) d'extrait de vanille

2,5 ml (½ c. à thé) de cannelle moulue

1 ml (¼ c. à thé) de sel

Préparation

1. Dans un bol, ajouter les flocons d'avoine, les noix, les amandes et le germe de blé.

2. Dans une casserole, verser l'huile, le miel, la vanille, la cannelle et le sel. Portez doucement à ébullition à feu moyen-doux durant 5 minutes.

3. Verser le mélange au miel sur les ingrédients secs et remuer.

4. Préchauffer la friteuse Airfryer à 240 °F.

5. Verser le mélange dans *l'accessoire antiadhesif pour cuisson au four Airfryer de Philips*. Déposer le moule dans le panier de cuisson et glisser le panier dans la friteuse Airfryer. Cuire 20 minutes.

6. Retirer le moule, remuer et cuire 20 minutes de plus.

7. Étendre uniformément le mélange sur une plaque et laisser refroidir.

8. Le granola peut être conservé dans un contenant étanche jusqu'à 14 jours.

CONSEILS

Vous pouvez ajouter des canneberges ou des cerises séchées au mélange.

PREP TIME: 10 minutes
COOK TIME: 15 minutes
SERVES: 2–4

EN

PRÉPARATION : 10 minutes
CUISSON : 15 minutes
PORTIONS : de 2 à 4

FR

Smoked Salmon Rosti

Ingredients

½ pound all-purpose potatoes

2 tablespoons chopped fresh chives, divided

Salt and pepper to taste

1 tablespoon olive oil

2 tablespoons sour cream

4 ounces smoked salmon

Preparation

1. Preheat Airfryer to 360°F.

2. Peel the potatoes. Using a food processor with a grating attachment, or handheld grater, coarsely grate potato into a medium-sized bowl.

3. Add 1 tablespoon chives, salt and pepper to taste. Mix well.

4. Distribute the potato mixture evenly in the **Philips Airfryer Grill Pan**. Brush the top of the potato cake with olive oil.

5. Slide the grill pan into the Airfryer. Cook for 15 minutes.

6. To serve, cut the rosti into quarters and place each quarter on a plate. Garnish each serving with a dollop of sour cream and a quarter of the salmon slices. Sprinkle the rest of the chives over the sour cream and add a touch of ground pepper.

Rösti au saumon fumé

Ingrédients

225 g (½ lb) de pommes de terre

30 ml (2 c. à soupe) de ciboulette fraîche hachée, divisée en deux portions

Sel et poivre, au goût

15 ml (1 c. à soupe) d'huile d'olive

30 ml (2 c. à soupe) de crème sure

115 g (4 oz) de saumon fumé

Préparation

1. Préchauffer la friteuse Airfryer à 360 °F.

2. Éplucher les pommes de terre. Au moyen d'un robot culinaire équipé d'un accessoire pour râper ou d'une râpe manuelle, râper grossièrement les pommes de terre dans un bol moyen.

3. Ajouter 15 ml (1 c. à soupe) de ciboulette et assaisonner de sel et de poivre, au goût. Bien mélanger.

4. Répartir le mélange de pommes de terre de façon uniforme dans la **poêle Airfryer de Philips**. Badigeonner le dessus des pommes de terre avec l'huile d'olive.

5. Glisser la poêle dans la friteuse Airfryer. Cuire 15 minutes.

6. Pour servir, découper le rösti en quartiers et déposer chaque quartier dans une assiette. Garnir chaque portion d'une cuillerée de crème sûre et d'un quart des tranches de saumon fumé. Saupoudrer la crème sure du restant de ciboulette et d'une pincée de poivre noir.

PREP TIME: 7 minutes
COOK TIME: 10 minutes
SERVES: 4

Sausage & Tomato Frittata

Ingredients

2 teaspoons olive oil

2 ounces Italian sausage links, casings removed

4 cherry tomatoes, halved

3 medium eggs

Salt and pepper to taste

2 tablespoons chopped parsley, divided

2 tablespoons grated Parmesan cheese, divided

Preparation

1. Preheat Airfryer to 360°F.

2. Add the olive oil, sausage and tomatoes to the **Philips Airfryer Non-Stick Baking Dish**. Place the baking dish into the cooking basket and slide into the Airfryer. Cook for 5 minutes, stirring once. Remove the baking dish from the Airfryer. Remove the sausage, chop into bite-sized pieces and place back into the baking dish with the tomatoes.

3. Lightly beat the eggs in a small mixing bowl. Stir in the salt, pepper and 1 tablespoon parsley.

4. Pour the egg mixture over the browned sausage and tomatoes. Sprinkle 1 tablespoon Parmesan cheese over the eggs. Place the baking dish back into the cooking basket and slide into the Airfryer. Cook for 5 minutes.

5. Serve garnished with the remaining parsley and Parmesan cheese.

 PRÉPARATION : 7 minutes
CUISSON : 10 minutes
PORTIONS : 4

Frittata à la saucisse et aux tomates

Ingrédients

10 ml (2 c. à thé) d'huile d'olive

56 g (2 oz) de saucisses italiennes, sans le boyau

4 tomates cerises, coupées en deux

3 œufs moyens

Sel et poivre, au goût

30 ml (2 c. à soupe) de persil haché, divisé en deux portions

30 ml (2 c. à soupe) de parmesan râpé, divisé en deux portions

Préparation

1. Préchauffer la friteuse Airfryer à 360 °F.

2. Ajouter l'huile d'olive, la saucisse et les tomates dans **l'accessoire antiadhesif pour cuisson au four Airfryer de Philips**. Déposer le moule dans le panier de cuisson et glisser le panier dans la friteuse Airfryer. Cuire 5 minutes, en remuant le contenu une fois durant la cuisson. Retirer le moule de la friteuse Airfryer. Retirer la saucisse, la découper en morceaux de la taille d'une bouchée et la remettre dans le moule avec les tomates.

3. Battre légèrement les œufs dans un petit bol. Ajouter le sel, le poivre et 15 ml (1 c. à soupe) de persil, puis remuer.

4. Verser le mélange d'œufs sur la saucisse dorée et les tomates. Saupoudrer 15 ml (1 c. à soupe) de parmesan sur les œufs. Déposer à nouveau le moule dans le panier de cuisson et glisser le panier dans la friteuse Airfryer. Cuire 5 minutes.

5. Servir le plat garni avec le restant de persil et de parmesan.

PREP TIME: 10 minutes
COOK TIME: 10–12 minutes
SERVES: 2

Veggie & Feta Frittata

Ingredients

1 tablespoon olive oil

2 cups thinly sliced button mushrooms

½ red onion, thinly sliced

3 large eggs

Pinch of salt

3 tablespoons crumbled feta cheese

Preparation

1. Heat olive oil in a sauté pan over medium heat. Add the mushrooms and onions, and sauté until tender. Remove from heat and place the vegetables on a dry kitchen paper towel to cool.

2. In a mixing bowl, combine the eggs with a pinch of salt, whisking thoroughly and vigorously.

3. Preheat Airfryer to 330°F.

4. Pour eggs into the **Philips Airfryer Non-Stick Baking Dish**, followed by the mushrooms and onions, and the feta cheese.

5. Place the baking dish into the cooking basket and slide into the Airfryer. Cook for 10–12 minutes until cooked through.

 PRÉPARATION : 10 minutes
CUISSON : de 10 à 12 minutes
PORTIONS : 2

Frittata aux légumes et au féta

Ingrédients

15 ml (1 c. à soupe) d'huile d'olive

500 ml (2 tasses) de champignons de Paris tranchés finement

1 oignon rouge, tranché finement

3 gros œufs

1 pincée de sel

45 ml (3 c. à soupe) de féta, émietté

Préparation

1. Chauffer l'huile d'olive à feu moyen dans un plat à sauter. Ajouter les champignons et les oignons et faire revenir jusqu'à ce qu'ils soient tendres. Retirer les légumes du feu et les placer sur un essuie-tout sec pour les laisser refroidir.

2. Dans un bol, mélanger les œufs avec une pincée de sel en fouettant vigoureusement.

3. Préchauffer la friteuse Airfryer à 330 °F.

4. Verser les œufs dans *l'accessoire antiadhesif pour cuisson au four Airfryer de Philips*, puis les champignons et les oignons, et le fromage féta.

5. Déposer le moule dans le panier de cuisson et glisser le panier dans la friteuse Airfryer. Cuire de 10 à 12 minutes, jusqu'à ce que le tout soit bien cuit.

PREP TIME: 20 minutes
COOK TIME: 20 minutes
SERVES: 3–5

EN

 PRÉPARATION : 20 minutes
CUISSON : 20 minutes
PORTIONS : de 3 à 5

FR

Fluffy Muffins with Raisins

Ingredients

½ cup raisins

6 tablespoons butter, room temperature

½ cup sugar

2 large eggs

1 cup all-purpose flour

1 teaspoon baking powder

Pinch of salt

Preparation

1. Rinse the raisins in cold water and soak for 20 minutes.

2. In a medium-sized bowl, combine the butter and sugar with an electric beater. Add the eggs and continue beating until well combined.

3. In a separate bowl, combine the flour, baking powder and salt. Combine dry and wet mixtures and continue beating for 5 minutes. Drain raisins and add to the batter.

4. Preheat Airfryer to 300°F.

5. Put the batter into the muffin cups. Place them into the cooking basket and slide into the Airfryer. Cook for 20 minutes.

TIP

The muffins may also be cooked in heatproof paper, silicone or metal muffin cups.

Muffins légers aux raisins secs

Ingrédients

125 ml (½ tasse) de raisins secs

90 ml (6 c. à soupe) de beurre, à la température de la pièce

125 ml (½ tasse) de sucre

2 gros œufs

250 ml (1 tasse) de farine tout usage

5 ml (1 c. à thé) de poudre à pâte

1 pincée de sel

Préparation

1. Rincer les raisins à l'eau froide et les laisser tremper 20 minutes.

2. Dans un bol moyen, mélanger le beurre et le sucre au batteur électrique. Ajouter les œufs et continuer de battre jusqu'à ce que le tout soit bien mélangé.

3. Dans un autre bol, mélanger la farine, la poudre à pâte et le sel. Mélanger les ingrédients secs et humides et continuer à battre 5 minutes. Rincer les raisins et les ajouter à la pâte.

4. Préchauffer la friteuse Airfryer à 300 °F.

5. Verser la pâte dans les moules à muffins individuels. Placer les moules dans le panier de cuisson et glisser le panier dans la friteuse Airfryer. Cuire 20 minutes.

CONSEILS

Les muffins peuvent également être cuits dans des moules individuels en papier résistant à la chaleur, en silicone ou en métal.

PREP TIME: 4 hours 10 minutes EN
COOK TIME: 20 minutes
SERVES: 2

PRÉPARATION : 4 heures 10 minutes FR
CUISSON : 20 minutes
PORTIONS : 2

French Toast Strata

Ingredients

2 cups day-old French or Italian bread, cut into ³/₄-inch cubes

2 ounces cream cheese, cut into ¹/₄-inch cubes

2 large eggs

³/₄ cup milk

¹/₄ cup maple syrup

1 teaspoon vanilla extract

1 tablespoon sugar

1 teaspoon ground cinnamon

Preparation

1. Place the bread cubes and cream cheese in an even layer in an airtight container.

2. In a mixing bowl, combine eggs, milk, maple syrup and vanilla, and mix well. Pour the egg mixture over the bread mixture. Cover and refrigerate for 4 hours.

3. Preheat Airfryer to 330°F.

4. In a small bowl, combine sugar and cinnamon.

5. Place the soaked bread mixture into the **Philips Airfryer Non-Stick Baking Dish**. Sprinkle sugar/cinnamon mixture evenly over the strata. Place the baking dish into the cooking basket and slide into the Airfryer. Cook for 20 minutes, or until cooked through.

Pudding au pain étagé

Ingrédients

500 ml (2 tasses) de pain français ou italien de la veille, coupé en cubes de 2 cm (³/₄ po)

56 g (2 oz) de fromage à la crème, coupé en cubes de 0,6 cm (¹/₄ po)

2 gros œufs

180 ml (³/₄ tasse) de lait

60 ml (¹/₄ tasse) de sirop d'érable

5 ml (1 c. à thé) d'extrait de vanille

15 ml (1 c. à soupe) de sucre

5 ml (1 c. à thé) de cannelle moulue

Préparation

1. Déposer les cubes de pain et le fromage à la crème dans un contenant étanche en formant une couche uniforme.

2. Dans un bol, ajouter les œufs, le lait, le sirop d'érable et la vanille et bien mélanger. Verser le mélange aux œufs sur le mélange de pain. Couvrir et réfrigérer 4 heures.

3. Préchauffer la friteuse Airfryer à 330 °F.

4. Dans un petit bol, mélanger le sucre et la cannelle.

5. Placer le mélange de pain trempé dans **l'accessoire antiadhesif pour cuisson au four Airfryer de Philips**. Saupoudrer uniformément le pain avec le mélange de sucre et de cannelle. Déposer le moule dans le panier de cuisson et glisser le panier dans la friteuse Airfryer. Cuire 20 minutes, ou jusqu'à ce que le tout soit bien cuit.

PREP TIME: 10 minutes
COOK TIME: 15 minutes
SERVES: 4

EN

 PRÉPARATION : 10 minutes
CUISSON : 15 minutes
PORTIONS : 4

FR

Strawberry Muffins

Ingredients

6 tablespoons all-purpose flour

1 ½ tablespoons baking powder

1 teaspoon cinnamon

3 tablespoons sugar

Pinch of salt

1 large egg

4 ½ tablespoons milk

4 tablespoons melted butter

6 tablespoons chopped strawberries

Preparation

1. In a mixing bowl, combine the flour, baking powder, cinnamon, sugar and salt.

2. In another bowl, lightly whisk the egg, then add in the milk and butter. Mix together well.

3. Carefully add the flour mixture and strawberries into the egg mixture and mix together well.

4. Preheat Airfryer to 390°F. Scoop the batter into four double-layer muffin cups. Place the muffin cups into the cooking basket and slide into the Airfryer. Cook for 15 minutes until cooked through.

Muffins aux fraises

Ingrédients

90 ml (6 c. à soupe) de farine tout usage

22 ml (1 ½ c. à soupe) de poudre à pâte

5 ml (1 c. à thé) de cannelle

45 ml (3 c. à soupe) de sucre

1 pincée de sel

1 gros œuf

67 ml (4 ½ c. à soupe) de lait

60 ml (4 c. à soupe) de beurre fondu

90 ml (6 c. à soupe) de fraises hachées

Préparation

1. Dans un bol, mélanger la farine, la poudre à pâte, la cannelle, le sucre et le sel.

2. Dans un autre bol, battre légèrement l'œuf, puis ajouter le lait et le beurre.. Bien mélanger.

3. Incorporer délicatement le mélange de farine et les fraises au mélange d'œuf et bien mélanger.

4. Préchauffer la friteuse Airfryer à 390 °F. Verser la pâte à la cuillère dans quatre moules individuels à muffins doublés. Placer les moules à muffins dans le panier de cuisson et glisser le panier dans la friteuse Airfryer. Cuire 15 minutes, jusqu'à ce que le tout soit bien cuit.

PREP TIME: 5 minutes
COOK TIME: 25 minutes
SERVES: 4

 PRÉPARATION : 5 minutes
CUISSON : 25 minutes
PORTIONS : 4

Pumpkin Quinoa Bake

Ingredients

¹/₃ cup quinoa (uncooked)

1¹/₄ cups 1% milk

2 large eggs

¹/₄ cup pumpkin puree

2 tablespoons maple syrup

¹/₂ teaspoon pumpkin pie spice

¹/₄ teaspoon vanilla extract

Preparation

1. Preheat Airfryer to 330°F.

2. Place quinoa into the *Philips Airfryer Non-Stick Baking Dish*.

3. In a mixing bowl, combine the milk, eggs, pumpkin puree, maple syrup, pumpkin pie spice and vanilla. Pour the mixture over the quinoa. Stir to combine.

4. Place the baking dish into the cooking basket and slide into the Airfryer. Cook for 25 minutes.

TIP

For an even healthier and vegan version, omit the milk and eggs and substitute 1³/₄ cups water.

Plat à la citrouille et au quinoa

Ingrédients

80 ml (¹/₃ tasse) de quinoa (non cuit)

300 ml (1¹/₄ tasse) de lait 1 %

2 gros œufs

60 ml (¹/₄ tasse) de purée de citrouille

30 ml (2 c. à soupe) de sirop d'érable

2,5 ml (¹/₂ c. à thé) d'épices à tarte à la citrouille

1 ml (¹/₄ c. à thé) d'extrait de vanille

Préparation

1. Préchauffer la friteuse Airfryer à 330 °F.

2. Verser le quinoa dans *l'accessoire antiadhésif pour cuisson au four Airfryer de Philips*

3. Dans un bol, mélanger le lait, les œufs, la purée de citrouille, le sirop d'érable, les épices à tarte à la citrouille et la vanille. Verser le mélange sur le quinoa. Remuer pour mélanger.

4. Déposer le moule dans le panier de cuisson et glisser le panier dans la friteuse Airfryer. Cuire 25 minutes.

CONSEILS

Pour une version végétalienne encore plus saine, vous pouvez remplacer le lait et les œufs par 375 ml (1³/₄ tasse) d'eau.

Pigs in a Blanket/Feuilletés à la saucisse, p. 56

PREP TIME: 15 minutes
COOK TIME: 15 minutes
SERVES: 4

 FR

 PRÉPARATION : 15 minutes
CUISSON : 15 minutes
PORTIONS : 4

Pigs in a Blanket

Ingredients

1 (12-ounce) package cocktail franks
1 (8-ounce) can refrigerated crescent rolls

Preparation

1. Remove the cocktail franks from the package and drain; pat dry on paper towels.

2. Cut the crescent roll dough into rectangular strips, approximately 1 x 1½ inches. Roll the strips around the franks, leaving the ends visible. Place in the freezer for 5 minutes to firm.

3. Preheat Airfryer to 330°F.

4. Remove the franks from the freezer. Place half of them into the cooking basket and slide into the Airfryer. Cook for 6–8 minutes until golden brown. Repeat with second batch.

Feuilletés à la saucisse

Ingrédients

1 paquet (340 g ou 12 oz) de saucisses cocktail
1 boîte (225 g ou 8 oz) de pâte à croissants réfrigérée

Préparation

1. Retirer les saucisses cocktail de leur emballage et les égoutter; les sécher avec un essuie-tout.

2. Découper la pâte à croissants en bandes rectangulaires d'environ 2,5 à 4 cm (1 à 1½ po). Enrouler les bandes autour des saucisses en laissant les extrémités visibles. Placer au congélateur 5 minutes pour qu'elles se raffermissent.

3. Préchauffer la friteuse Airfryer à 330 °F.

4. Retirer les saucisses du congélateur. Déposer la moitié des saucisses dans le panier de cuisson et glisser le panier dans la friteuse Airfryer. Cuire de 6 à 8 minutes, ou jusqu'à ce que les saucisses soient brun doré. Répéter la procédure avec le second lot de saucisses.

PREP TIME: 10 minutes
COOK TIME: 4 minutes
SERVES: 3–5

EN

 PRÉPARATION : 10 minutes
CUISSON : 4 minutes
PORTIONS : de 3 à 5

FR

Bruschetta

Ingredients

1 baguette

3 tablespoons extra-virgin olive oil

1 large tomato, chopped

1 clove garlic, minced

2 teaspoons chopped fresh basil

¹/₂ teaspoon salt

¹/₄ teaspoon pepper

4 teaspoons freshly grated Parmesan cheese

Basil leaves for garnish

Preparation

1. Preheat Airfryer to 390°F. On a cutting board, cut the bread into 1-inch slices. Sprinkle the slices with olive oil.

2. In a medium-sized bowl, combine oil, tomato, garlic, basil, salt and pepper. Place a tablespoon of the mixture onto each piece of bread. Sprinkle grated Parmesan cheese on top.

3. Place the bread slices on the **Philips Airfryer Grill Pan** and slide into the Airfryer. Cook for 4 minutes.

4. Remove bruschetta and place on a serving plate. Garnish each piece with whole basil leaves. Repeat for remaining bread.

Bruschetta

Ingrédients

1 baguette

45 ml (3 c. à soupe) d'huile d'olive extra-vierge

1 grosse tomate, hachée

1 gousse d'ail, émincée

10 ml (2 c. à thé) de basilic frais haché

2,5 ml (¹/₂ c. à thé) de sel

1 ml (¹/₄ c. à thé) de poivre

20 ml (4 c. à thé) de parmesan fraîchement râpé

Feuilles de basilic pour garnir

Préparation

1. Préchauffer la friteuse Airfryer à 390 °F. Sur une planche à découper, découper la baguette en tranches de 2,5 cm (1 po). Arroser les tranches d'huile d'olive.

2. Dans un bol moyen, mélanger l'huile, la tomate, l'ail, le basilic, le sel et le poivre. Déposer 15 ml (1 c. à soupe) du mélange sur chaque tranche de pain. Saupoudrer chaque tranche de parmesan râpé.

3. Placer les tranches de pain dans la **poêle Airfryer de Philips** et la glisser dans la friteuse Airfryer. Cuire 4 minutes.

4. Retirer les bruschettas et les placer sur un plat de service. Garnir chaque tranche de feuilles de basilic frais. Répéter la procédure pour les tranches restantes.

PREP TIME: 20 minutes
COOK TIME: 6 minutes
SERVES: 4

PRÉPARATION : 20 minutes
CUISSON : 6 minutes
PORTIONS : 4

FR

Feta Triangles

Ingredients

1 large egg yolk

4 ounces feta cheese, crumbled

2 tablespoons finely chopped flat-leaf parsley

Ground black pepper to taste

6 sheets frozen phyllo pastry dough, defrosted

Nonstick cooking spray

Preparation

1. In a mixing bowl, combine the egg yolk, feta, parsley and pepper. Set aside.

2. Lay 1 sheet of phyllo dough on the counter and lightly spray with cooking spray. Top with another sheet. Repeat process with all sheets so that 6 layers are created.

3. Cut layered phyllo dough into 4 strips lengthwise. Place 2 teaspoons of the feta mixture about 1 inch from the corner of each strip. Fold the tip of the pastry over the filling to form a triangle. Continue to fold triangle onto itself. Repeat until all phyllo and feta have been used.

4. Preheat Airfryer to 360°F.

5. Lightly spray each triangle with cooking spray. Place 4 phyllo triangles into the cooking basket and slide into the Airfryer. Cook for 3 minutes. Repeat the process with the remaining 4 feta triangles.

Triangles au féta

Ingrédients

1 jaune d'un gros œuf

115 g (4 oz) de fromage féta, émietté

30 ml (2 c. à soupe) de persil italien finement haché

Poivre noir moulu, au goût

6 feuilles de pâte phyllo congelées, décongelées

Enduit de cuisson antiadhésif

Préparation

1. Dans un bol, mélanger le jaune d'œuf, le fromage féta, le persil et le poivre. Réserver..

2. Déposer une feuille de pâte phyllo sur le comptoir et la vaporiser légèrement d'enduit de cuisson antiadhésif. Recouvrir d'une autre feuille. Répéter la procédure avec toutes les feuilles jusqu'à ce qu'il y ait six couches.

3. Découper les feuilles de pâte phyllo superposées sur la longueur, pour former quatre bandes. Déposer 10 ml (2 c. à thé) de mélange au féta à environ 2,5 cm (1 po) du coin de chaque bande. Replier l'extrémité de la bande sur la garniture afin de former un triangle. Continuer de replier le triangle sur lui-même avec le reste de la bande. Répéter la procédure jusqu'à ce que toute la pâte phyllo et le mélange de féta aient été utilisés.

4. Préchauffer la friteuse Airfryer à 360 °F.

5. Vaporiser légèrement chaque triangle d'enduit à cuisson. Déposer 4 triangles de pâte phyllo dans le panier de cuisson et glisser le panier dans la friteuse Airfryer. Cuire 3 minutes. Répéter la procédure avec les quatre triangles au féta restants.

PREP TIME: 20 minutes
COOK TIME: 20 minutes
SERVES: 5

 PRÉPARATION : 20 minutes
CUISSON : 20 minutes
PORTIONS : 5

Crab Croquettes

Ingredients

1 tablespoon olive oil

¼ cup finely chopped red onion

¼ cup finely chopped red bell pepper

2 tablespoons finely chopped celery

1 cup panko bread crumbs

1 teaspoon canola oil

½ teaspoon salt

3 large eggs, beaten

1 cup all-purpose flour

1 pound lump crabmeat

2 large egg whites, beaten

¼ cup mayonnaise

¼ cup sour cream

½ teaspoon cayenne pepper

Preparation

1. In a small sauté pan over medium-high heat, add olive oil, onions, pepper and celery. Cook until translucent, about 4–5 minutes. Remove from heat and set aside to cool.

2. In a food processor, blend the panko bread crumbs, canola oil and salt to a fine crumb. Set aside panko mixture in a bowl. In two other separate bowls, set aside eggs and flour.

3. Preheat Airfryer to 390°F. In a mixing bowl, combine sautéed vegetable mixture with crabmeat, egg whites, mayonnaise, sour cream and cayenne pepper. Roll crab mixture into the size of golf balls. Roll each ball into flour, then in eggs, then in panko bread crumbs.

4. Place croquettes into the cooking basket, creating a single layer, and slide into the Airfryer. Cook each batch for 8–10 minutes, until golden brown.

Croquettes de crabe

Ingrédients

15 ml (1 c. à soupe) d'huile d'olive

60 ml (¼ tasse) d'oignon rouge finement haché

60 ml (¼ tasse) de poivron rouge finement haché

30 ml (2 c. à soupe) de céleri finement haché

250 ml (1 tasse) de chapelure panko

5 ml (1 c. à thé) d'huile de canola

2,5 ml (½ c. à thé) de sel

3 gros œufs, battus

250 ml (1 tasse) de farine tout usage

450 g (1 lb) de chair de crabe en morceaux

Blancs de 2 gros œufs, battus

60 ml (¼ tasse) de mayonnaise

60 ml (¼ tasse) de crème sure

2,5 ml (½ c. à thé) de poivre de Cayenne

Préparation

1. Chauffer un petit plat à sauter à feu moyen-élevé et ajouter l'huile d'olive, les oignons, le poivron et le céleri. Faire revenir les légumes jusqu'à ce que les oignons soient translucides, de 4 à 5 minutes environ. Retirer du feu et laisser refroidir.

2. Dans un robot culinaire, mélanger la chapelure panko, l'huile de canola et le sel jusqu'à obtenir une panure fine. Réserver dans un bol le mélange de chapelure panko. Placer les œufs et la farine dans deux bols distincts.

3. Préchauffer la friteuse Airfryer à 390 °F. Dans un bol, mélanger les légumes sautés avec la chair de crabe, les blancs d'œufs, la mayonnaise, la crème sure et le poivre de Cayenne. Former des boules de la taille d'une balle de golf avec le mélange au crabe. Rouler chaque boule dans la farine, puis dans les œufs, puis dans la chapelure panko.

4. Déposer les croquettes dans le panier de cuisson, en formant une seule couche, puis glisser le panier dans la friteuse Airfryer. Cuire chaque lot de boules de 8 à 10 minutes, ou jusqu'à ce que les croquettes soient brun doré.

PREP TIME: 2 hours 20 minutes   EN
COOK TIME: 13 minutes
SERVES: 3

Mushroom Croquettes

Ingredients

4 teaspoons butter
¼ onion, finely chopped
¼ pound mushrooms, finely chopped
¼ cup plus 1½ tablespoons all-purpose flour, divided
2 cups whole milk
Ground nutmeg to taste
Salt to taste
2 large eggs, beaten
¼ cup bread crumbs
2 tablespoons vegetable oil

Preparation

1. In a medium saucepan over medium heat, melt the butter. Sauté chopped onions and mushrooms. Add 1½ tablespoons flour and stir well.

2. In a small saucepan, warm up the milk until it starts to bubble. Add milk slowly to the mushroom mixture in the saucepan. Keep stirring until the mixture thickens. Season with nutmeg and salt to taste. Leave mixture to cool and set for 2 hours in the refrigerator.

3. Place the ¼ cup flour and beaten eggs into two separate bowls.

4. In a third bowl, mix together the bread crumbs and oil until the mixture is loose and crumbly.

5. Preheat Airfryer to 390°F. Remove mushroom mixture from refrigerator. Spoon 1 heaping tablespoon and form into ball. Continue until mixture is all formed into balls. Roll the balls in the ¼ cup flour, then the beaten eggs, then the bread crumb mixture until coated. Place croquettes into the cooking basket and slide into the Airfryer. Cook for 8 minutes.

PRÉPARATION : 2 heures 20 minutes   FR
CUISSON : 13 minutes
PORTIONS : de 3 à 5

Croquettes aux champignons

Ingrédients

20 ml (4 c. à thé) de beurre
¼ oignon, haché finement
115 g (¼ lb) de champignons, hachés finement
60 ml (¼ tasse) plus 22 ml (1½ c. à soupe) de farine tout usage, divisée en deux portions
500 ml (2 tasses) de lait entier
Muscade moulue, au goût
Sel, au goût
2 gros œufs, battus
60 ml (¼ tasse) de chapelure
30 ml (2 c. à soupe) d'huile végétale

Préparation

1. Dans une casserole moyenne, faire fondre le beurre à feu moyen. Faire revenir les oignons et les champignons hachés. Ajouter 22 ml (1½ c. à soupe) de farine et bien remuer.

2. Dans une petite casserole, réchauffer le lait jusqu'à la formation de bulles. Ajouter lentement le lait au mélange de champignons dans la casserole. Continuer à remuer jusqu'à ce que le mélange épaississe. Assaisonner de sel et de muscade, au goût. Laisser le mélange refroidir et placer au réfrigérateur durant deux heures.

3. Placer le ¼ tasse de farine et les œufs battus dans deux bols distincts.

4. Dans un troisième bol, mélanger la chapelure et l'huile jusqu'à ce que le mélange soit friable.

5. Préchauffer la friteuse Airfryer à 390 °F. Sortir le mélange de champignons du réfrigérateur. Prendre 1 c. à soupe comble du mélange et former une boule. Continuer à former des boules avec le restant du mélange. Rouler les boules dans le bol de farine, puis dans les œufs battus, puis dans la chapelure jusqu'à ce qu'elles soient bien enrobées. Placer les croquettes dans le panier de cuisson et glisser le panier dans la friteuse Airfryer. Cuire 8 minutes.

Potato Croquettes

Ingredients

2 russet potatoes

1 large egg yolk

¹/₂ cup grated Parmesan cheese

¹/₂ cup all-purpose flour, divided

2 tablespoons chopped chives

Pinch nutmeg

Salt and pepper to taste

¹/₄ cup bread crumbs

2 tablespoons vegetable oil

2 eggs, beaten

Preparation

1. Peel the potatoes. On a clean cutting board, cut into cubes. In a large saucepan, boil potato cubes in salted water for 15 minutes.

2. Drain the potatoes in a colander, place back in saucepan and finely mash. Cool completely.

3. Add the egg yolk, Parmesan cheese, 2 tablespoons flour and chopped chives to the mashed potatoes. Season with a pinch of nutmeg, and salt and pepper to taste. Stir well.

4. Preheat Airfryer to 390°F

5. Shape the potato mixture into the size of golf balls.

6. In a small mixing bowl, combine the bread crumbs and oil and mix until crumbly. In two separate bowls, place the remaining flour and the beaten eggs.

7. Roll each potato ball into the flour, then the egg, and finally, coat with the bread crumbs. Roll each ball into a cylinder shape. Place the croquettes into the cooking basket and slide into the Airfryer. Cook for 8 minutes.

Croquettes de pommes de terre

Ingrédients

2 pommes de terre Russet

Le jaune d'un gros œuf

125 ml (¹/₂ tasse) de parmesan râpé

125 ml (¹/₂ tasse) de farine tout usage, divisée en deux portions

30 ml (2 c. à soupe) de ciboulette hachée

1 pincée de muscade

Sel et poivre, au goût

60 ml (¹/₄ tasse) de chapelure

30 ml (2 c. à soupe) d'huile végétale

2 œufs, battus

Préparation

1. Éplucher les pommes de terre. Sur une planche à découper propre, couper les pommes de terre en cubes. Dans une grande casserole, faire bouillir les cubes de pommes de terre 15 minutes dans de l'eau salée.

2. Égoutter les cubes de pommes de terre dans une passoire, les remettre dans la casserole et les réduire en purée fine. Laisser refroidir complètement.

3. Ajouter aux pommes de terre le jaune d'œuf, le parmesan, 30 ml (2 c. à soupe) de farine et la ciboulette hachée. Assaisonner d'une pincée de muscade, et de sel et de poivre, au goût. Bien remuer.

4. Préchauffer la friteuse Airfryer à 390 °F.

5. Former des boules de la taille d'une balle de golf avec le mélange de pomme de terre.

6. Dans un petit bol, mélanger la chapelure et l'huile jusqu'à ce que le mélange soit friable. Placer la farine restante et les deux œufs battus dans deux autres bols distincts.

7. Rouler chaque boule de pomme de terre dans la farine, puis dans les œufs, puis les enrober de chapelure. Rouler chaque boule pour former un cylindre. Déposer les croquettes dans le panier de cuisson et glisser le panier dans la friteuse Airfryer. Cuire 8 minutes.

PREP TIME: 20 minutes
COOK TIME: 8 minutes
SERVES: 6

PRÉPARATION : 20 minutes
CUISSON : 8 minutes
PORTIONS : 6

Cheddar Bacon Croquettes

Ingredients

For the filling:
1 pound sharp cheddar cheese, block
1 pound bacon strips, room temperature

For the breading:
2 tablespoons canola oil
1/2 cup seasoned bread crumbs
1 cup all-purpose flour
2 large eggs, beaten

Preparation

1. Cut the cheddar cheese block into six equally sized portions, approximately 1 3/4-inch pieces.

2. Take 2 strips of bacon and wrap them around each piece of cheese, fully enclosing the cheese. Trim off any excess fat. Place the cheddar bacon bites in the freezer for 5 minutes to firm. Do not freeze.

3. Preheat Airfryer to 390°F. Combine the oil and bread crumbs until the mixture becomes loose and crumbly. Place flour and eggs into two separate mixing bowls.

4. Place each cheddar bite into the flour, then the eggs, then the bread crumb mixture. Ensure bread crumb mixture adheres to each cheddar bite. Place the croquettes into the cooking basket, making a single layer, and slide into the Airfryer. Cook for 7–8 minutes, until golden brown.

Cheddar Bacon Croquettes

Ingrédients

Garniture:
450 g (1 lb) de cheddar fort, en bloc
450 g (1 lb) de tranches de bacon, à la température de la pièce

Panure:
30 ml (2 c. à soupe) d'huile de canola
125 ml (1/2 tasse) de chapelure assaisonnée
250 ml (1 tasse) de farine tout usage
2 gros œufs, battus

Préparation

1. Couper le bloc de cheddar en six parts égales, d'environ 2,5 cm (1 po) par 4,5 cm (1 3/4 po) chacune.

2. Enrouler deux tranches de bacon autour de chaque morceau de fromage, en le recouvrant complètement. Enlever tout gras excédentaire. Laisser reposer les bouchées au cheddar et au bacon au congélateur 5 minutes pour les raffermir. Ne pas les congeler.

3. Préchauffer la friteuse Airfryer à 390 °F. Mélanger l'huile et la chapelure jusqu'à ce que le mélange soit friable. Placer la farine et les œufs dans deux bols distincts.

4. Tremper chaque bouchée au cheddar dans la farine, puis dans les œufs, puis dans le mélange de chapelure. Veiller à ce que le mélange de chapelure enrobe bien chaque bouchée au cheddar. Déposer les croquettes dans le panier de cuisson, en formant une seule couche, puis glisser le panier dans la friteuse Airfryer. Cuire de 7 à 8 minutes, ou jusqu'à ce que les croquettes soient brun doré.

PREP TIME: 15 minutes
COOK TIME: 35 minutes
SERVES: 2

 PRÉPARATION : 15 minutes
CUISSON : 35 minutes
PORTIONS : 2

Onion Blossom

Ingredients

1 large sweet onion

1 medium-sized mixing bowl filled with enough ice water to cover a large onion

½ cup all-purpose flour

½ teaspoon salt

½ teaspoon ground black pepper

1 teaspoon cayenne pepper

1 large egg, beaten

½ cup plain bread crumbs

¼ cup panko bread crumbs

Vegetable cooking spray

Ketchup or favorite sauce for dipping

Preparation

1. Cut off top of onion and remove outer skin, keeping the root end intact. Make eight evenly spaced cuts within ⅛ inch of the root, creating 16 onion sections.

2. Place the onion cut side down in the bowl of ice water, to help the onion petals spread, for about 5 minutes.

3. Preheat Airfryer to 270°F. In a large mixing bowl, combine flour, salt, pepper and cayenne. In a separate bowl, place the beaten egg. In a third bowl, mix the plain bread crumbs and the panko bread crumbs.

4. Remove the onion from the ice water and place upside down on a paper towel to drain and let dry. Place the dry onion upside down in the bowl with the flour mixture and toss gently to coat evenly over petals. Gently shake off excess flour.

5. Place the onion upside down in the bowl with the egg, turning carefully to coat evenly. Allow excess egg to drip off. Place the onion upside down in the bread crumb mixture and toss gently to coat petals. Repeat if necessary, until all the petals are evenly coated.

6. Spray the coated onion petals with vegetable spray. Place onion into the cooking basket and slide into the Airfryer. Cook for 20 minutes. Turn heat up to 350°F and cook for another 10–15 minutes until the edges of the petals are browned and crispy.

Fleur d'oignon

Ingrédients

1 gros oignon doux

1 bol de taille moyenne rempli de suffisamment d'eau glacée pour recouvrir un gros oignon

125 ml (½ tasse) de farine tout usage

2,5 ml (½ c. à thé) de sel

2,5 ml (½ c. à thé) de poivre noir moulu

5 ml (1 c. à thé) de poivre de Cayenne

1 gros œuf, battu

125 ml (½ tasse) de chapelure nature

60 ml (¼ tasse) de chapelure panko

Enduit de cuisson végétal

Ketchup ou sauce favorite pour trempette

Préparation

1. Couper le dessus de l'oignon et retirer la pelure extérieure, en gardant la racine intacte. Faire huit coupes également espacées jusqu'à 3 mm (⅛ po) de la racine, créant ainsi 16 sections d'oignon.

2. Déposer l'oignon environ 5 minutes dans un bol d'eau glacée, le côté coupé vers le bas, pour aider les pétales de l'oignon à s'ouvrir.

3. Préchauffer la friteuse Airfryer à 270 °F. Dans un grand bol, mélanger la farine, le sel, poivre et le poivre de Cayenne. Dans un deuxième bol, verser l'œuf battu. Dans un troisième bol, mélanger la chapelure nature et la chapelure panko.

4. Retirer l'oignon de l'eau et le placer à l'envers sur un essuie-tout pour l'égoutter et le laisser sécher. Placer l'oignon sec à l'envers dans le bol avec le mélange de farine et le remuer afin d'enrober uniformément les pétales. Secouer l'excédent de farine.

5. Déposer l'oignon à l'envers dans le bol avec l'œuf, en le retournant pour l'enrober uniformément. Laisser l'excédent d'œuf s'égoutter. Déposer l'oignon à l'envers dans le mélange de chapelure et remuer pour enrober les pétales. Répéter la procédure au besoin, jusqu'à ce que tous les pétales soient uniformément enrobés de chapelure.

6. Vaporiser les pétales de l'oignon d'huile végétale. Placer l'oignon dans le panier de cuisson et glisser le panier dans la friteuse Airfryer. Cuire 20 minutes. Augmenter le feu à 350 °F et cuire de 10 à 15 minutes de plus, jusqu'à ce que le bord des pétales soit doré et croustillant.

PREP TIME: 15 minutes
COOK TIME: 16 minutes
SERVES: 3–5

EN

 PRÉPARATION : 15 minutes
CUISSON : 16 minutes
PORTIONS : de 3 à 5

FR

Ricotta Balls

Ingredients

1 cup ricotta cheese

2 tablespoons all-purpose flour

1 large egg, separated (yolk and egg white both used)

1 teaspoon salt

Freshly ground pepper to taste

1 tablespoon fresh basil

1 tablespoon chives

$1/2$ teaspoon orange peel

$1/4$ cup bread crumbs

2 tablespoons vegetable oil

Preparation

1. In a medium-sized bowl, mix the ricotta cheese, flour, egg yolk, salt and freshly ground pepper. Stir in the basil, chives and orange peel, and mix thoroughly.

2. Divide the mixture into 20 equal portions and shape them into balls. Let the balls rest for 15 minutes.

3. Preheat Airfryer to 390°F.

4. In a mixing bowl, combine the bread crumbs and oil and mix until crumbly. In a separate bowl, place the beaten egg white.

5. Coat the ricotta balls in the egg white, then in the bread crumb mixture.

6. Place 10 balls into the cooking basket and slide into the Airfryer. Cook for 8 minutes, turning once. Repeat with the remaining 10 balls until all are cooked.

Boules à la ricotta

Ingrédients

250 ml (1 tasse) de fromage ricotta

30 ml (2 c. à soupe) de farine tout usage

1 gros œuf, séparé (le jaune et le blanc seront utilisés)

5 ml (1 c. à thé) de sel

Poivre noir fraîchement moulu, au goût

15 ml (1 c. à soupe) de basilic frais

15 ml (1 c. à soupe) de ciboulette

2,5 ml ($1/2$ c. à thé) de zeste d'orange

60 ml ($1/4$ tasse) de chapelure

30 ml (2 c. à soupe) d'huile végétale

Préparation

1. Dans un bol moyen, mélanger le fromage ricotta, la farine, le jaune d'œuf, le sel et le poivre fraîchement moulu. Incorporer le basilic, la ciboulette et le zeste d'orange et bien mélanger.

2. Diviser le mélange en 20 parts égales et former des boules avec chaque part. Laisser les boules reposer 15 minutes.

3. Préchauffer la friteuse Airfryer à 390 °F.

4. Dans un petit bol, mélanger la chapelure et l'huile jusqu'à ce que le mélange soit friable. Dans un deuxième bol, verser le blanc d'œuf battu.

5. Tremper les boules de ricotta dans le blanc d'œuf, puis dans le mélange de chapelure.

6. Déposer 10 boules dans le panier de cuisson et glisser le panier dans la friteuse Airfryer. Cuire 8 minutes, en les retournant une fois. Répéter la procédure avec les 10 boules restantes.

PREP TIME: 20 minutes
COOK TIME: 16 minutes
SERVES: 4

 PRÉPARATION : 20 minutes
CUISSON : 16 minutes
PORTIONS : 4

Moroccan Meatballs

Ingredients

For the meatballs:

1 pound ground lamb

4 ounces ground turkey

1¹⁄₂ tablespoons finely chopped parsley

1 tablespoon finely chopped mint

1 teaspoon ground cumin

1 teaspoon ground coriander

1 teaspoon cayenne pepper

1 teaspoon red chili paste

2 garlic cloves, finely chopped

¹⁄₄ cup olive oil

1 teaspoon salt

1 large egg white

For the yogurt:

¹⁄₂ cup nonfat Greek plain yogurt

¹⁄₄ cup sour cream

2 tablespoons buttermilk

¹⁄₄ cup finely chopped mint

1 garlic clove, finely chopped

Pinch of salt

Preparation

1. Preheat Airfryer to 390°F.

2. In a large mixing bowl, combine all of the ingredients for the meatballs. Roll meatballs to the size of golf balls. Place half the meatballs into the cooking basket and slide into the Airfryer. Cook for 6–8 minutes, until browned. Repeat with second batch.

3. In a mixing bowl, combine all of the ingredients for the mint yogurt. Serve with the meatballs. Garnish with mint.

Boulettes de viande à la marocaine

Ingrédients

Boulettes de viande :

450 g (1 lb) d'agneau haché

115 g (4 oz) de dinde hachée

22 ml (1¹⁄₂ c. à soupe) de persil haché finement

15 ml (1 c. à soupe) de feuilles de menthe hachées finement

5 ml (1 c. à thé) de cumin moulu

5 ml (1 c. à thé) de coriandre moulue

5 ml (1 c. à thé) de poivre de Cayenne

5 ml (1 c. à thé) de pâte de piments rouges

2 gousses d'ail, hachées finement

60 ml (¹⁄₄ tasse) d'huile d'olive

5 ml (1 c. à thé) de sel

1 blanc d'un gros œuf

Yogourt á la menthe :

125 ml (¹⁄₂ tasse) de yogourt grec nature sans gras

60 ml (¹⁄₄ tasse) de crème sure

30 ml (2 c. à soupe) de babeurre

60 ml (¹⁄₄ tasse) de feuilles de menthe hachées finement

1 gousse d'ail, hachée finement

1 pincée de sel

Préparation

1. Préchauffer la friteuse Airfryer à 390 °F.

2. Dans un grand bol, mélanger tous les ingrédients des boulettes de viande. Former des boulettes de la taille d'une balle de golf avec le mélange. Déposer la moitié des boulettes dans le panier de cuisson et glisser le panier dans la friteuse Airfryer. Cuire de 6 à 8 minutes, ou jusqu'à ce que les boulettes soient brun doré. Répéter la procédure avec le second lot de boulettes.

3. Dans un bol, mélanger tous les ingrédients du yogourt à la menthe. Servir les boulettes de viande avec le yogourt à la menthe. Garnir de feuilles de menthe.

PREP TIME: 20 minutes
COOK TIME: 20 minutes
SERVES: 2–4

 PRÉPARATION : 20 minutes
CUISSON : 20 minutes
PORTIONS : de 2 à 4

Baked Mini Spinach Quiches

Ingredients

2 tablespoons milk

³/₄ cup all-purpose flour

5 tablespoons butter, room temperature

Pinch of salt

1 large egg, beaten

¹/₃ cup cottage cheese

1 tablespoon olive oil

1 small onion, finely chopped

³/₄ cup fresh spinach leaves

Salt and pepper to taste

Preparation

1. In a food processor, combine milk, flour, butter and salt. Pulse until a ball of dough is formed. Place on a smooth surface and knead the dough until it is smooth. Let it rest in the refrigerator for 15 minutes.

2. In a medium-sized bowl, combine egg and cottage cheese, and stir to mix.

3. Preheat Airfryer to 360°F. In a sauté pan on medium-high heat, add oil to pan. Sauté chopped onions until translucent. Add spinach and cook for 2 minutes longer, until wilted. When cool, squeeze excess water from spinach/onion mixture and add to cottage cheese mixture. Season with salt and pepper to taste.

4. Divide the dough into four equal parts. Roll each into a round large enough to cover the bottom of a 3- or 4-ounce ramekin. Line the ramekins with the dough. Fill each ramekin with a quarter of the spinach/cheese filling.

5. Place the quiches into the cooking basket and slide into the Airfryer. Cook for 15 minutes, or until cooked through. Can be served at room temperature or cold.

Mini quiches aux épinards

Ingrédients

30 ml (2 c. à soupe) de lait

180 ml (³/₄ tasse) de farine tout usage

75 ml (5 c. à soupe) de beurre, à la température de la pièce

1 pincée de sel

1 gros œuf, battu

80 ml (¹/₃ tasse) de fromage cottage

15 ml (1 c. à soupe) d'huile d'olive

1 petit oignon, haché finement

180 ml (³/₄ tasse) de feuilles d'épinards fraîches

Sel et poivre, au goût

Préparation

1. Dans un robot culinaire, mélanger le lait, la farine, le beurre et le sel. Battre le tout jusqu'à ce qu'une boule de pâte se forme. Placer la pâte sur une surface lisse et la pétrir jusqu'à ce qu'elle soit lisse. Laisser reposer la pâte au réfrigérateur 15 minutes.

2. Dans un bol moyen, ajouter l'œuf et le fromage et remuer pour mélanger.

3. Préchauffer la friteuse Airfryer à 360 °F. Dans un plat à sauter, chauffer l'huile à feu moyen-élevé. Faire revenir les oignons hachés jusqu'à ce qu'ils soient translucides. Ajouter les feuilles d'épinard et cuire 2 minutes de plus, jusqu'à ce qu'elles soient tombées. Une fois le mélange d'épinard et d'oignon refroidi, le presser pour en retirer l'excès d'eau et l'ajouter au mélange de fromage cottage. Assaisonner de sel et de poivre, au goût.

4. Diviser la pâte en quatre parts égales. Abaisser chaque part de pâte au rouleau pour former un rond suffisamment grand pour couvrir le fond d'un ramequin de 90 ou 120 ml (3 ou 4 oz). Foncer les ramequins avec la pâte. Remplir chaque ramequin avec ¹/₄ de la garniture aux épinards et au fromage.

5. Déposer les quiches dans le panier de cuisson et glisser le panier dans la friteuse Airfryer. Cuire 15 minutes, jusqu'à ce que le tout soit bien cuit. Les quiches peuvent être servies froides ou à la température de la pièce.

PREP TIME: 10 minutes
COOK TIME: 8 minutes
SERVES: 3–5

PRÉPARATION : 10 minutes
CUISSON : 8 minutes
PORTIONS : de 3 à 5

Stuffed Greek Meatballs

Ingredients

1 slice white bread, toasted

5 ounces ground lamb or lean beef

3 tablespoons plus 1 teaspoon feta cheese

1 tablespoon fresh oregano

1/2 tablespoon lemon peel

Freshly ground black pepper to taste

Preparation

1. Preheat Airfryer to 390°F.

2. Place bread in a small food processor. Process to a fine crumb.

3. In a mixing bowl, combine the bread crumbs, ground meat, feta cheese, oregano, lemon peel and black pepper. Form 10 meatballs from the meat mixture.

4. Place the meatballs into the cooking basket and slide into the Airfryer. Cook for 8 minutes. Turn the meatballs once for even cooking.

TIP

Moisten the palms of your hands with water for easier forming.

Boulettes de viande farcies à la grecque

Ingrédients

1 tranche de pain blanc, rôtie

140 g (5 oz) d'agneau ou de bœuf maigre haché

45 ml (3 c. à soupe) plus 5 ml (1 c. à thé) de fromage féta

15 ml (1 c. à soupe) d'origan frais

8 ml (1/2 c. à soupe) de zeste de citron

Poivre noir fraîchement moulu, au goût

Préparation

1. Préchauffer la friteuse Airfryer à 390 F.

2. Placer le pain dans un petit robot culinaire. Moudre le pain en fines miettes.

3. Dans un bol, mélanger la viande hachée, les miettes de pain, le fromage féta, l'origan, le zeste de citron et le poivre noir. Former 10 boulettes de viande avec le mélange.

4. Déposer les boulettes dans le panier de cuisson et glisser le panier dans la friteuse Airfryer. Cuire 8 minutes. Retourner les boulettes de viande une fois durant la cuisson pour assurer une cuisson uniforme.

CONSEILS

Humecter d'eau la paume de vos mains pour former plus facilement les boulettes.

PREP TIME: 2 hours 15 minutes
COOK TIME: 15 minutes
SERVES: 3–4

 PRÉPARATION : 2 heures 15 minutes
CUISSON : 15 minutes
PORTIONS : de 3 à 4

Korean BBQ Satay

Ingredients

1 pound boneless chicken tenders

Marinade:

½ cup low-sodium soy sauce

½ cup pineapple juice

¼ cup sesame oil

4 garlic cloves, chopped

4 scallions, chopped

1 tablespoon grated fresh ginger

2 teaspoons sesame seeds, toasted

Pinch of black pepper

Preparation

1. In a mixing bowl, combine all of the marinade ingredients. Add the chicken to the marinade, mix well and refrigerate, covered, for 2 hours or up to 24 hours.

2. Remove the chicken and pat the chicken completely dry with a paper towel. Using 4-inch wooden skewers, skewer the chicken.

3. Preheat Airfryer to 390°F.

4. Place half of the skewers into the cooking basket and slide into the Airfryer. Cook for 5–7 minutes. Repeat with the second batch.

Saté façon BBQ coréen

Ingrédients

450 g (1 lb) de filets de poitrine de poulet désossée

Ingrédients de la marinade :

½ tasse de sauce soya à teneur en sodium réduite

½ tasse de jus d'ananas

½ tasse d'huile de sésame

4 gousses d'ail, hachées

4 oignons verts, hachés

1 c. à soupe de gingembre frais, râpé

2 c. à thé de graines de sésame, grillées

Pincée de poivre noir

Préparation

1. Dans un bol à mélanger, combiner tous les ingrédients de la marinade. Ajouter le poulet à la marinade, bien mélanger et réfrigérer, couvert, de 2 à 24 heures.

2. Retirer le poulet et l'assécher complètement avec un essuie-tout. Enfiler les morceaux de poulet sur des brochettes en bois de 4 po.

3. Préchauffer la friteuse Airfryer à 390 °F.

4. Placer la moitié des brochettes dans le panier de cuisson et insérer ce dernier dans la friteuse Airfryer. Cuire de 5 à 7 minutes. Répéter l'opération pour la seconde moitié des brochettes.

PREP TIME: 35 minutes
COOK TIME: 10 minutes
SERVES: 4–6

EN

 PRÉPARATION : 35 minutes
CUISSON : 10 minutes
PORTIONS : de 4 à 6

FR

Thanksgiving Meatballs

Boulettes de viande de l'Action de grâce

Ingredients

1 1/2 cups cubed bread stuffing

1/2 cup bacon bits or 3 strips of cooked bacon, crumbled

1/3 cup diced celery

1/3 cup diced onion

1/2 cup chopped chestnuts

1 clove garlic, diced

1 (14-ounce) can whole-berry cranberry sauce

1 pound ground turkey

1/4 pound sage sausage

Ingrédients

355 ml (1 1/2 tasse) de cubes de pain pour farce

125 ml (1/2 tasse) de miettes de bacon ou 3 tranches de bacon cuites, émiettées

80 ml (1/3 tasse) de céleri coupé en dés

80 ml (1/3 tasse) d'oignon coupé en dés

125 ml (1/2 tasse) de châtaignes hachées

1 gousse d'ail, coupée en dés

1 boîte (14 oz ou 400 ml) de sauce aux canneberges, fruits entiers

450 g (1 lb) de dinde hachée

115 g (1/4 lb) de saucisse à la sauge

Preparation

1. In a large mixing bowl, add stuffing, bacon, celery, onion, chestnuts, garlic and 10 ounces of the cranberry sauce. Mix until evenly combined.

TIP

Serve with remaining cranberry sauce.

2. Add ground turkey and sausage to the mixture and mix until thoroughly blended together.

3. Preheat Airfryer to 360°F. Form mixture into 9 golf-ball-sized meatballs.

4. Place all the meatballs into the cooking basket, evenly spaced so they are not touching, and slide into the Airfryer. Cook for 10 minutes until browned.

Préparation

1. Dans un grand bol, ajouter le pain, le bacon, le céleri, l'oignon, les châtaignes, l'ail et 284 ml (10 oz) de sauce aux canneberges. Bien mélanger tous les ingrédients.

CONSEILS

Servir avec le restant de sauce aux canneberges.

2. Ajouter la dinde hachée et la saucisse au mélange et bien mélanger.

3. Préchauffer la friteuse Airfryer à 360 °F. Former avec le mélange 9 boulettes de viande de la taille d'une balle de golf.

4. Déposer les 9 boulettes dans le panier de cuisson, espacées uniformément de façon à ce qu'elles ne se touchent pas, et glisser le panier dans la friteuse Airfryer. Cuire 10 minutes, ou jusqu'à ce que les boulettes soient brun doré.

PREP TIME: 25 minutes
COOK TIME: 8 minutes
SERVES: 3–5

 PRÉPARATION : 25 minutes
CUISSON : 8 minutes
PORTIONS : de 3 à 5

Mini Peppers & Goat Cheese

Ingredients

8 raw sweet mini peppers

1 tablespoon olive oil

1 tablespoon Italian seasoning

1 teaspoon freshly ground black pepper

¼ pound crumbled goat cheese

Preparation

1. Preheat Airfryer to 390°F.

2. Wash mini peppers and dry with a paper towel. Cut off the top of the peppers and remove the seeds and membrane.

3. In a mixing bowl, combine the olive oil with the Italian seasoning and black pepper. Mix in the goat cheese.

4. Place a spoonful of goat cheese in each mini pepper, place them next to each other in the cooking basket and slide into the Airfryer. Cook for 8 minutes.

TIP

For easy filling, use a small dessert spoon.

Mini-poivrons au fromage de chèvre

Ingrédients

8 mini-poivrons crus

15 ml (1 c. à soupe) d'huile d'olive

15 ml (1 c. à soupe) d'assaisonnement à l'italienne

5 ml (1 c. à thé) de poivre noir fraîchement moulu

115 g (¼ lb) de fromage de chèvre, émietté

Préparation

1. Préchauffer la friteuse Airfryer à 390 °F.

2. Laver les mini-poivrons et les essuyer avec un essuie-tout. Découper le dessus des poivrons et retirer les graines et la membrane intérieure.

3. Dans un bol, mélanger l'huile d'olive, l'assaisonnement à l'italienne et le poivre noir. Incorporer le fromage de chèvre au mélange.

4. Déposer une cuillerée du mélange au fromage de chèvre dans chaque mini-poivron, placer les mini-poivrons l'un à côté de l'autre dans le panier de cuisson et glisser le panier dans la friteuse Airfryer. Cuire 8 minutes.

CONSEILS

Pour garnir plus facilement les poivrons, utiliser une petite cuillère à dessert.

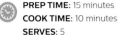 **PREP TIME:** 15 minutes
COOK TIME: 10 minutes
SERVES: 5

EN

PRÉPARATION : 15 minutes
CUISSON : 10 minutes
PORTIONS : 5

FR

Bacon-Wrapped Shrimp

Ingredients

1 pound raw extra-large shrimp (16–20 per pound), peeled

1 pound uncooked bacon strips, room temperature

Preparation

1. Take 1 strip of bacon and wrap it around the shrimp, starting from the head and finishing at the tail. Place the wrapped shrimp on a plate in the refrigerator for 20 minutes.

2. Preheat Airfryer to 390°F.

3. Remove the shrimp from the refrigerator. Add half of the shrimp into the cooking basket and slide into the Airfryer. Cook for 5–7 minutes, or until fully cooked. Drain on a paper towel prior to serving. Repeat for remaining shrimp.

Crevettes enveloppées de bacon

Ingrédients

450 g (1 lb) de très grosses crevettes crues (16 à 20 par lb), décortiquées

450 g (1 lb) de tranches de bacon non cuites, à la température de la pièce

Préparation

1. Prendre une tranche de bacon et envelopper une crevette avec, en commençant par la tête et en terminant par la queue. Placer les crevettes ainsi enveloppées dans un plat et laisser le plat au réfrigérateur 20 minutes.

2. Préchauffer la friteuse Airfryer à 390 °F.

3. Retirer les crevettes du réfrigérateur. Déposer la moitié des crevettes dans le panier de cuisson et glisser le panier dans la friteuse Airfryer. Cuire de 5 à 7 minutes, ou jusqu'à ce que les crevettes soient cuites. Égoutter sur un essuie-tout avant de servir. Répéter la procédure pour les crevettes restantes.

PREP TIME: 15 minutes
COOK TIME: 3–5 minutes
SERVES: 2–4

EN

 PRÉPARATION : 15 minutes
CUISSON : de 3 à 5 minutes
PORTIONS : de 2 à 4

FR

Buffalo Chicken Fried Wontons

Ingredients

1 (8 ounce) package of cream cheese, softened

½ cup of Buffalo Wing Sauce

½ cup blue cheese or ranch dressing

2 cups shredded cooked chicken

½ cup crumbled blue cheese, or your favorite shredded cheese

12 wonton skins

1 medium egg, beaten with a teaspoon of water to make an egg wash

Vegetable oil

Preparation

1. Preheat Airfryer to 390°F.

2. In a mixing bowl, combine all of the ingredients except the wonton skins, egg and oil.

3. Arrange the wonton wrappers on a cutting board and place 1 tablespoon of the buffalo chicken mixture into the center of each wonton. With a pastry brush, coat the top edges of each wonton with a coating of the egg wash.

4. Fold the filled wonton skin in half and pinch along the edges to form a closed triangle-shaped wonton. Spray or brush each wonton with vegetable oil.

5. Place 6 wontons into the cooking basket. Using the **Philips Airfryer Double-Layer Rack**, place the remaining wontons on the wire rack, place into the cooking basket, and slide into the Airfryer. **Note:** If you don't have the accessory, cook the wontons in two batches.

6. Cook for 3–5 minutes, or until brown and crispy. Serve with your favorite soy sauce or Asian sweet sauce.

Wontons frits à la sauce Buffalo

Ingrédients

1 paquet de 225 g (8 oz) de fromage à la crème, ramolli

125 ml (½ tasse) de sauce pour ailes Buffalo

125 ml (½ tasse) de vinaigrette Ranch ou au fromage bleu

500 ml (2 tasses) de poulet cuit effiloché

125 ml (½ tasse) de fromage bleu émietté ou de votre fromage préféré râpé

12 carrés de pâte wonton

1 œuf moyen, battu avec 5 ml (1 c. à thé) d'eau pour préparer une dorure à l'œuf

Huile végétale

Préparation

1. Préchauffer la friteuse Airfryer à 390 °F.

2. Dans un bol, mélanger tous les ingrédients à l'exception des carrés de pâte wonton, de l'œuf et de l'huile.

3. Disposer les feuilles de pâte wonton sur une planche à découper et déposer 15 ml (1 c. à soupe) du mélange de poulet à la sauce Buffalo au centre de chaque feuille. À l'aide d'un pinceau à pâtisserie, badigeonner le dessus de chaque wonton avec une couche de dorure à l'œuf.

4. Plier le wonton farci en deux et pincer la bordure du wonton pour former un triangle fermé. Vaporiser ou badigeonner d'huile végétale chaque wonton.

5. Placer 6 wontons dans le panier de cuisson. Placer le restant des wontons sur la grille **de l'accessoire à double couche Airfryer de Philips,** placer l'accessoire dans le panier de cuisson et glisser le panier dans la friteuse Airfryer. **Remarque :** Si vous n'avez pas l'accessoire à double couche, cuisez les wontons en deux lots.

6. Cuire de 3 à 5 minutes, ou jusqu'à ce que les wontons soient dorés et croustillants. Servir avec votre sauce soya ou votre sauce douce asiatique préférée.

PREP TIME: 10 minutes
COOK TIME: 5 minutes
SERVES: 4

 PRÉPARATION : 10 minutes
CUISSON : 5 minutes
PORTIONS : 4

Date Crepes

Ingredients

3 tablespoons plus 1 teaspoon all-purpose flour

3 tablespoons plus 1 teaspoon corn flour

1 large egg, beaten

1 teaspoon soy sauce

Water

⅓ cup finely chopped pitted dates

4 teaspoons sesame seeds

2 teaspoons canola oil

Preparation

1. In a mixing bowl, combine the flour, corn flour, a quarter of the beaten egg, and soy sauce. Add water to make a free-flowing thin batter.

2. Heat a medium-sized nonstick sauté pan on medium heat. Pour a quarter of the batter to create a very even and thin layer in the pan. Cook until crepe releases from the pan, turn over, and cook for 1 minute. Repeat process to make 3 more crepes. Place each crepe on parchment paper after cooked.

3. In a separate bowl, combine chopped dates with sesame seeds.

4. Preheat Airfryer to 360°F.

5. Place equal amounts of the dates into the center of each crepe. Fold the sides of the crepe into a square and seal with the remaining beaten egg. Repeat with each crepe.

6. Place the crepes into the cooking basket and slide into the Airfryer. Cook for 5 minutes.

Crêpes aux dattes

Ingrédients

45 ml (3 c. à soupe) plus 5 ml (1 c. à thé) de farine tout usage

45 ml (3 c. à soupe) plus 5 ml (1 c. à thé) de farine de maïs

1 gros œuf, battu

5 ml (1 c. à thé) de sauce soya

Eau

80 ml (⅓ tasse) de dattes dénoyautées et hachées finement

20 ml (4 c. à thé) de graines de sésame

10 ml (2 c. à thé) d'huile de canola

Préparation

1. Dans un bol, mélanger la farine, la farine de maïs, ¼ de l'œuf battu et la sauce soya. Ajouter de l'eau pour donner à la pâte une consistance lisse.

2. Chauffer à feu moyen un plat à sauter antiadhésif de taille moyenne. Verser un quart de la pâte pour créer une couche très mince et uniforme dans le plat. Cuire jusqu'à ce que la crêpe se détache du plat, la retourner et la cuire 1 minute de plus. Répéter la procédure pour préparer les 3 autres crêpes. Placer chaque crêpe, une fois cuite, sur du papier parchemin.

3. Dans un autre bol, mélanger les dattes hachées avec les graines de sésame.

4. Préchauffer la friteuse Airfryer à 360 °F.

5. Placer la même quantité de dattes au centre de chaque crêpe. Plier les côtés d'une crêpe pour former un carré et les sceller avec le restant d'œuf battu. Répéter la procédure pour chaque crêpe.

6. Déposer les crêpes dans le panier de cuisson et glisser le panier dans la friteuse Airfryer. Cuire 5 minutes.

PREP TIME: 10 minutes
COOK TIME: 7 minutes
SERVES: 3–5

EN

 PRÉPARATION : 10 minutes
CUISSON : 7 minutes
PORTIONS : de 3 à 5

FR

Parmesan Bacon Rice Balls

Ingredients

2 tablespoons grated Parmesan cheese

Pinch of salt

2 cups steamed rice

6 slices bacon

Preparation

1. Preheat Airfryer to 360°F.

2. In a medium-sized bowl, combine Parmesan cheese, salt and steamed rice and mix well. Form into 6 rice balls.

3. Wrap a slice of bacon around each rice ball and secure with a toothpick.

4. Place the rice balls into the cooking basket and slide into the Airfryer. Cook for 7 minutes, until bacon is cooked through. Remove toothpicks before serving.

Boules de riz au parmesan et au bacon

Ingrédients

30 ml (2 c. à soupe) de parmesan râpé

1 pincée de sel

500 ml (2 tasses) de riz cuit à la vapeur

6 tranches de bacon

Préparation

1. Préchauffer la friteuse Airfryer à 360 °F.

2. Dans un bol moyen, ajouter le parmesan, le sel et le riz cuit à la vapeur, puis bien mélanger. Former 6 boules de riz.

3. Envelopper chaque boule de riz d'une tranche de bacon, fixée à l'aide d'un cure-dents.

4. Placer les boules de riz dans le panier de cuisson et glisser le panier dans la friteuse Airfryer. Cuire 7 minutes, jusqu'à ce que le bacon soit bien cuit. Retirer les cure-dents avant de servir.

PREP TIME: 60 minutes
COOK TIME: 30 minutes
SERVES: 4

EN

PRÉPARATION : 60 minutes
CUISSON : 30 minutes
PORTIONS : 4

FR

Cheese Corn Balls

Ingredients

2 medium russet potatoes, peeled, cut into 2-inch chunks

2 tablespoons salt

3 tablespoons frozen peas, thawed

¼ cup canned or fresh corn

1 cup shredded mozzarella

Salt and pepper to taste

½ cup all-purpose flour

2 tablespoons olive oil

Preparation

1. Place the potatoes in a medium-sized pot, cover with water and add salt. Bring to a boil and cook for 25 minutes, or until potatoes are fork-tender. Drain potatoes in strainer, then mash in a large mixing bowl. Cool for 15 minutes.

2. Mix in peas, corn, cheese, salt, pepper and flour into the mashed potatoes.

3. Preheat Airfryer to 360°F. Divide the mixture into 16 equal portions and shape them into balls.

4. Brush the balls with oil and place 8 of them into the cooking basket. Do not let the cheese corn balls touch in the basket (to prevent sticking). Slide into the Airfryer. Cook for 5 minutes. Turn cheese corn balls over and cook for an additional 10 minutes. Repeat for remaining cheese corn balls.

Boules au fromage et au maïs

Ingrédients

2 pommes de terre Russet moyennes, pelées, coupées en morceaux de 5 cm (2 po)

30 ml (2 c. à soupe) de sel

45 ml (3 c. à soupe) de petits pois congelés, dégelés

60 ml (¼ tasse) de grains de maïs frais ou en boîte

250 ml (1 tasse) de mozzarella râpé

Sel et poivre, au goût

125 ml (½ tasse) de farine tout usage

30 ml (2 c. à soupe) d'huile d'olive

Préparation

1. Placer les pommes de terre dans une casserole moyenne, recouvrir d'eau et ajouter du sel. Amener à ébullition et cuire 25 minutes ou jusqu'à ce que les pommes de terre se défassent à la fourchette. Égoutter les pommes de terre dans une passoire, puis les réduire en purée dans un grand bol. Laisser refroidir 15 minutes.

2. Ajouter les petits pois, le maïs, le fromage, le sel, le poivre et la farine aux pommes de terre en purée et mélanger.

3. Préchauffer la friteuse Airfryer à 360 °F. Diviser le mélange en 16 parts égales et former des boules avec chaque part.

4. Badigeonner les boules d'huile et placer huit d'entre elles dans le panier de cuisson. Ne pas laisser les boules au fromage et au maïs se toucher dans le panier (pour éviter qu'elles ne collent ensemble). Glisser le panier dans la friteuse Airfryer. Cuire 5 minutes. Retourner les boules au fromage et au maïs et cuire 10 minutes de plus. Répéter la procédure pour les boules au fromage et au maïs restantes.

PREP TIME: 10 minutes
COOK TIME: 10 minutes
SERVES: 4

PRÉPARATION : 10 minutes
CUISSON : 10 minutes
PORTIONS : 4

Stuffed Garlic Mushrooms

Champignons à l'ail

Ingredients

12 button mushrooms

For the stuffing:
2 slices white bread, toasted
1 garlic clove, crushed
1 tablespoon finely chopped flat-leafed parsley
Ground black pepper to taste
1 tablespoon olive oil

Ingrédients

12 champignons de Paris

Garniture :
2 tranches de pain blanc, rôties
1 gousse d'ail, écrasée
15 ml (1 c. à soupe) de persil italien finement haché
Poivre noir moulu, au goût
15 ml (1 c. à soupe) d'huile d'olive

Preparation

1. Preheat Airfryer to 390°F.

2. In a food processor, grind the bread into fine crumbs. Mix with the garlic, parsley and pepper to taste. When fully mixed, stir in the olive oil.

3. Cut off the mushroom stalks and fill the caps with the stuffing. Pat the stuffing into the caps. Place the mushroom caps into the cooking basket and slide into the Airfryer. Cook the mushrooms for 10 minutes, until golden and crispy.

Préparation

1. Préchauffer la friteuse Airfryer à 390 °F.

2. Dans un robot culinaire, moudre le pain en fines miettes. Mélanger l'ail et le persil et assaisonner de poivre, au goût. Lorsque la préparation est bien mélangée, ajouter l'huile d'olive.

3. Retirer les pieds des champignons et garnir les chapeaux du mélange. Presser la garniture dans les chapeaux. Placer les chapeaux de champignons dans le panier de cuisson et glisser le panier dans la friteuse Airfryer. Cuire les champignons 10 minutes, jusqu'à ce qu'ils soient dorés et croustillants.

PREP TIME: 8 minutes
COOK TIME: 10 minutes
SERVES: 2

EN

PRÉPARATION : 8 minutes
CUISSON : 10 minutes
PORTIONS : 2

FR

Spicy Shrimp Cocktail

Ingredients

1 teaspoon chili flakes

1 teaspoon chili powder

$\frac{1}{2}$ teaspoon salt

$\frac{1}{2}$ teaspoon ground black pepper

8 raw, extra large shrimp (16–20 per pound), peeled

2 tablespoons mayonnaise

1 tablespoon ketchup

1 teaspoon cider or wine vinegar

Preparation

1. Preheat Airfryer to 360°F. In a mixing bowl, mix together the chili flakes, chili powder, salt and pepper. Add the shrimp and toss to coat them evenly with the spices.

2. Place the shrimp into the cooking basket and slide into the Airfryer. Cook for 8–10 minutes until done.

3. In a mixing bowl, whisk together the mayonnaise, ketchup and vinegar.

4. Serve the hot shrimp with the cocktail sauce.

Crevettes pour cocktail épicées

Ingrédients

5 ml (1 c. à thé) de flocons de piment chili

5 ml (1 c. à thé) de poudre de chili

2,5 ml ($\frac{1}{2}$ c. à thé) de sel

2,5 ml ($\frac{1}{2}$ c. à thé) de poivre noir moulu

450 g ($\frac{1}{2}$ lb) de très grosses crevettes crues (16 à 20 par lb), décortiquées

30 ml (2 c. à soupe) de mayonnaise

15 ml (1 c. à soupe) de ketchup

5 ml (1 c. à thé) de vinaigre de cidre ou de vin

Préparation

1. Préchauffer la friteuse Airfryer à 360 °F. Dans un bol, mélanger les flocons de piment chili, la poudre de chili, le sel et le poivre. Ajouter les crevettes et remuer pour bien les enrober d'épices.

2. Déposer les crevettes dans le panier de cuisson et glisser le panier dans la friteuse Airfryer. Cuire de 8 à 10 minutes, ou jusqu'à ce que les crevettes soient cuites.

3. Dans un bol, fouetter la mayonnaise, le ketchup et le vinaigre.

4. Servir les crevettes chaudes avec la sauce cocktail.

PREP TIME: 6 minutes
COOK TIME: 9 minutes
SERVES: 2–4

PRÉPARATION : 6 minutes
CUISSON : 9 minutes
PORTIONS : de 2 à 4

Scallop, Spinach & Bacon

Pétoncles géants aux épinards et au bacon

Ingredients

3 ounces fresh spinach leaves, chopped

2 teaspoons vegetable oil, divided

1 tablespoon water

3 slices cooked bacon, chopped

1 tablespoon butter

4 fresh sea scallops, washed

Black pepper to taste

Ingrédients

85 g (3 oz) de feuilles d'épinard fraîches, hachées

10 ml (2 c. à thé) d'huile végétale, divisée en deux portions

15 ml (1 c. à soupe) d'eau

3 tranches de bacon cuites, hachées

15 ml (1 c. à soupe) de beurre

4 pétoncles géants frais, nettoyés

Poivre noir, au goût

Preparation

1. Preheat Airfryer to 390°F. In a mixing bowl, combine the spinach, 1 teaspoon oil and water.

2. Transfer the spinach mixture to the **Philips Airfryer Non-Stick Baking Dish.** Place the baking dish into the cooking basket and slide into the Airfryer. Cook for 2 minutes.

3. Add the chopped bacon and butter to the cooked spinach mixture and cook for an additional 2 minutes.

4. Add the scallops into the cooking basket and spread the spinach mixture evenly around each. Sprinkle the remaining 1 teaspoon oil on each scallop, season with pepper, place into the cooking basket and slide into the Airfryer. Cook for 5 minutes.

Préparation

1. Préchauffer la friteuse Airfryer à 390 °F. Dans un bol, mélanger les épinards, 5 ml (1 c. à thé) d'huile et l'eau.

2. Transférer le mélange d'épinards dans *l'accessoire antiadhésif pour cuisson au four Airfryer de Philips*. Déposer le moule dans le panier de cuisson et glisser le panier dans la friteuse Airfryer. Cuire 2 minutes.

3. Ajouter le bacon haché et le beurre au mélange d'épinards cuits et cuire 2 minutes de plus.

4. Ajouter les pétoncles géants dans le panier de cuisson et étendre uniformément le mélange d'épinards autour des pétoncles. Arroser chaque pétoncle géant avec les 5 ml (1 c. à thé) d'huile restants, assaisonner de poivre, placer dans le panier de cuisson et glisser le panier dans la friteuse Airfryer. Cuire 5 minutes.

PREP TIME: 7 minutes
COOK TIME: 8 minutes
SERVES: 3–5

Bacon-Wrapped Dried Plums

Ingredients

16 prunes
¼ pound sliced bacon

Preparation

1. Preheat Airfryer to 360°F.

2. Wrap prunes with slices of bacon and secure them on a skewer. Place 4 bacon-wrapped prunes on each skewer.

3. Place the *Philips Airfryer Double-Layer Rack* into the cooking basket, place the four skewers onto the double-layer rack, and slide into the Airfryer. Cook for 8 minutes.

PRÉPARATION : 7 minutes
CUISSON : 8 minutes
PORTIONS : de 3 à 5

Prunes séchées enveloppées de bacon

Ingrédients

16 prunes
115 g (¼ lb) de bacon tranché

Préparation

1. Préchauffer la friteuse Airfryer à 360 °F.

2. Envelopper les prunes de tranches de bacon et les fixer à l'aide d'une brochette. Enfiler 4 prunes enveloppées de bacon sur chaque brochette.

3. Placer *l'accessoire à double couche Airfryer de Philips* dans le panier de cuisson, placer les quatre brochettes dans l'accessoire à double couche et glisser le panier dans la friteuse Airfryer. Cuire 8 minutes.

PREP TIME: 20 minutes
COOK TIME: 8 minutes
SERVES: 4

 PRÉPARATION : 20 minutes
CUISSON : 8 minutes
PORTIONS : 4

Crispy Fried Spring Rolls

Rouleaux du printemps frits et croustillants

Ingredients

4 ounces cooked chicken breast, shredded

1 celery stalk, sliced thin

1 medium carrot, sliced thin

½ cup mushrooms, sliced thin

½ teaspoon finely chopped ginger

1 teaspoon sugar

1 teaspoon chicken stock concentrate

1 large egg, beaten

1 teaspoon cornstarch

8 spring roll wrappers

1 teaspoon canola oil

Ingrédients

115 g (4 oz) de poitrine de poulet cuite, effilochée

1 branche de céleri, tranchée finement

1 carotte moyenne, tranchée finement

125 ml (½ tasse) de champignons, tranchés finement

2,5 ml (½ c. à thé) de gingembre haché finement

5 ml (1 c. à thé) de sucre

5 ml (1 c. à thé) de concentré de bouillon de poulet

1 gros œuf, battu

5 ml (1 c. à thé) de fécule de maïs

8 feuilles de pâte à rouleaux de printemps

5 ml (1 c. à thé) d'huile de canola

Preparation

1. In a mixing bowl, combine the shredded chicken, celery, carrot, mushrooms, ginger, sugar and chicken stock concentrate.

2. In a separate bowl, combine the egg with the cornstarch to create a thick paste; set aside.

3. Divide the filling into 8 portions. On a clean surface, lay out 8 spring roll wrappers. Add each filling portion in the center of each spring roll wrapper, evenly across the length of the wrapper.

4. Roll each wrapper lengthwise, sealing the ends with the egg/cornstarch mixture.

5. Preheat Airfryer to 390°F.

6. Lightly brush each roll with canola oil. Place 4 spring rolls into the cooking basket and slide into the Airfryer. Cook for 3–4 minutes until golden brown. Repeat with second batch.

TIP

Serve with sweet chili sauce, duck sauce or soy sauce.

Préparation

1. Dans un bol, mélanger le poulet effiloché, le céleri, la carotte, les champignons, le gingembre, le sucre et le concentré de bouillon de poulet.

2. Dans un autre bol, mélanger l'œuf avec la fécule de maïs afin de créer une pâte épaisse; réserver.

3. Diviser la garniture en 8 portions. Sur une surface propre, déposer les 8 feuilles de pâte à rouleaux de printemps. Ajouter chaque portion de garniture au centre de chaque feuille de pâte à rouleaux de printemps, en l'étalant uniformément sur la longueur de la feuille.

4. Rouler chaque feuille sur la longueur, en scellant les extrémités avec le mélange d'œuf et de fécule de maïs.

5. Préchauffer la friteuse Airfryer à 390 °F.

6. Badigeonner légèrement chaque rouleau avec l'huile de canola. Déposer 4 rouleaux de printemps dans le panier de cuisson et glisser le panier dans la friteuse Airfryer. Cuire de 3 à 4 minutes, ou jusqu'à ce que les rouleaux soient brun doré. Répéter la procédure avec le second lot de rouleaux.

CONSEILS

Servir avec une sauce chili douce, une sauce aigre-douce ou de la sauce soya.

Salmon with Dill Sauce/Saumon sauce à l'aneth, p. 90

PREP TIME: 5 minutes
COOK TIME: 15 minutes
SERVES: 2

EN

 PRÉPARATION : 5 minutes
CUISSON : 15 minutes
PORTIONS : 2

FR

Salmon with Dill Sauce

Ingredients

12-ounce piece of salmon fillet

2 teaspoons olive oil

Pinch of salt

Dill sauce ingredients:

½ cup nonfat plain Greek yogurt

½ cup sour cream

Pinch of salt

2 tablespoons finely chopped dill

Preparation

1. Preheat Airfryer to 270°F.

2. Cut the salmon into two 6-ounce portions. Drizzle 1 teaspoon of olive oil over each piece and season with a pinch of salt. Place salmon into the cooking basket and slide into the Airfryer. Cook for 15 minutes, or until done.

3. Combine all of the dill sauce ingredients in a small mixing bowl. Top the cooked salmon with the sauce and garnish with a pinch of chopped dill.

Saumon sauce à l'aneth

Ingrédients

Filet de saumon de 340 g (12 oz)

10 ml (2 c. à thé) d'huile végétale

1 pincée de sel

Ingrédients pour la sauce à l'aneth :

125 ml (½ tasse) de yogourt grec nature sans gras

125 ml (½ tasse) de crème sure

1 pincée de sel

30 ml (2 c. à soupe) d'aneth finement haché

Préparation

1. Préchauffer la friteuse Airfryer à 270 °F.

2. Découper le filet de saumon en deux portions de 170 g (6 oz). Verser 5 ml (1 c. à thé) d'huile d'olive sur chaque portion et assaisonner d'une pincée de sel. Placer le saumon dans le panier de cuisson et glisser le panier dans la friteuse Airfryer. Cuire 15 minutes, ou jusqu'à ce que le saumon soit cuit.

3. Mélanger tous les ingrédients de la sauce à l'aneth dans un petit bol. Garnir le saumon cuit avec la sauce et une pincée d'aneth haché.

PREP TIME: 20 minutes
COOK TIME: 10 minutes
SERVES: 3–5

EN

 PRÉPARATION : 20 minutes
CUISSON : 10 minutes
PORTIONS : de 3 à 5

FR

Shrimp Tempura

Ingredients

³/₄ pound raw, medium-sized shrimp, cleaned and deveined, with tail left on

1 large egg, beaten

¹/₄ cup tempura flour

Salt and pepper to taste

2 tablespoons vegetable oil

Preparation

1. Season the shrimp with salt and pepper and place on stainless steel skewers.

2. To prepare the batter, in a medium-size bowl, combine the egg, flour, a pinch of salt and pepper, and vegetable oil and mix thoroughly. Allow to stand for 10 minutes to thicken.

3. Preheat Airfryer to 390°F.

4. Dip the shrimp into the batter and allow excess batter to drip off.

5. Place the shrimp on the **Philips Airfryer Double-Layer Rack** and place into the cooking basket. Slide the cooking basket into the Airfryer. Cook for 10 minutes.

TIP

Tempura flour can be purchased in the Asian section in most supermarkets.

Crevettes tempura

Ingrédients

340 g (¹/₂ lb) de crevettes crue de taille moyenne, nettoyées et déveinées, avec leur queue

1 gros œuf, battu

60 ml (¹/₄ tasse) de farine tempura

Sel et poivre, au goût

30 ml (2 c. à soupe) d'huile végétale

Préparation

1. Assaisonner les crevettes de sel et de poivre et les enfiler sur des brochettes en acier inoxydable.

2. Pour préparer la pâte, bien mélanger l'œuf, la farine, une pincée de sel et de poivre et l'huile végétale dans un bol de taille moyenne. Laisser la pâte reposer 10 minutes pour qu'elle épaississe.

3. Préchauffer la friteuse Airfryer à 390 °F.

4. Tremper les crevettes dans la pâte et laisser l'excédent de pâte s'égoutter.

5. Déposer les crevettes dans **l'accessoire à double couche Airfryer de Philips** et placer l'accessoire dans le panier de cuisson. Glisser le panier de cuisson dans la friteuse Airfryer. Cuire 10 minutes.

CONSEILS

On peut trouver la farine tempura dans la section asiatique de la plupart des supermarchés.

PREP TIME: 10 minutes
COOK TIME: 8 minutes
SERVES: 3–5

 PRÉPARATION : 10 minutes
CUISSON : 8 minutes
PORTIONS : de 3 à 5

Grilled Fish with Pesto

Ingredients

1 pound white fish fillets

1 tablespoon olive oil

Salt and pepper to taste

¹/₃ cup fresh basil

2 cloves garlic, minced

2 tablespoons pine nuts

1 tablespoon Parmesan cheese

¹/₄ cup extra-virgin olive oil

Preparation

1. Preheat Airfryer to 360°F.

2. Brush the fish fillets with oil and season with salt and pepper. Place the fish into the cooking basket and slide into the Airfryer. Cook for 8 minutes.

3. While the fish is cooking, combine basil, garlic, pine nuts, Parmesan cheese and olive oil into a food processor. Pulse until it turns into a smooth pesto sauce. Add some salt and pepper to taste.

4. When the fish is cooked, drizzle the pesto over fish.

Poisson grillé au pesto

Ingrédients

450 g (1lb) de filets de poisson blanc

15 ml (1 c. à soupe) d'huile d'olive

Sel et poivre, au goût

80 ml (¹/₃ tasse) de basilic frais

2 gousses d'ail, émincées

30 ml (2 c. à soupe) de pignons de pin

15 ml (1 c. à soupe) de parmesan

60 ml (¹/₄ tasse) d'huile d'olive extra-vierge

Préparation

1. Préchauffer la friteuse Airfryer à 360 °F.

2. Badigeonner les filets de poisson d'huile et les assaisonner de sel et de poivre. Déposer le poisson dans le panier de cuisson et glisser le panier dans la friteuse Airfryer. Cuire 8 minutes.

3. Pendant que le poisson cuit, mélanger le basilic, l'ail, les pignons de pin, le parmesan et l'huile d'olive dans un robot culinaire. Mélanger jusqu'à ce que le mélange se transforme en une sauce au pesto lisse. Ajouter un peu de sel et de poivre au goût.

4. Lorsque le poisson est cuit, le napper de pesto.

PREP TIME: 15 minutes
COOK TIME: 7 minutes
SERVES: 3–5

EN

PRÉPARATION : 15 minutes
CUISSON : 7 minutes
PORTIONS : de 3 à 5

FR

Cajun Fish Fingers

Ingredients

1¼ pounds white fish fillet
1 tablespoon lemon juice
2 tablespoons Cajun seasoning
⅓ cup all-purpose flour
2 large eggs, beaten
1 cup quick-cooking oats
Olive oil mist

Preparation

1. On a cutting board, cut fish fillets into strips and season with lemon juice and Cajun seasoning.

2. Place the flour, beaten eggs and cooking oats in three separate mixing bowls. Coat the fish strips with flour, then dip in the beaten egg, and finally coat with the oats.

3. Preheat Airfryer to 330°F.

4. With an olive oil mister, spray fish with olive oil. Place the fish into the cooking basket and slide into the Airfryer. Cook for 7 minutes.

Bâtonnets de poisson style Cajun

Ingrédients

560 g (1¼ lb) de filets de poisson blanc
15 ml (1 c. à soupe) de jus de citron
30 ml (2 c. à soupe) d'assaisonnement Cajun
80 ml (⅓ tasse) de farine tout usage
2 gros œufs, battus
250 ml (une tasse) de flocons d'avoine à cuisson rapide
Huile d'olive à vaporiser

Préparation

1. Sur une planche à découper, découper les filets de poisson en bandes et les assaisonner avec le jus de citron et l'assaisonnement Cajun.

2. Placer la farine, les œufs battus et les flocons d'avoine dans trois bols à mélanger distincts. Enrober les bandes de poisson de farine, puis les tremper dans les œufs battus, puis dans les flocons d'avoine.

3. Préchauffer la friteuse Airfryer à 330 °F.

4. Vaporiser le poisson d'huile d'olive avec un vaporisateur d'huile. Déposer le poisson dans le panier de cuisson et glisser le panier dans la friteuse Airfryer. Cuire 7 minutes.

PREP TIME: 20 minutes EN
COOK TIME: 10 minutes
SERVES: 2–4

PRÉPARATION : 20 minutes FR
CUISSON : 10 minutes
PORTIONS : de 2 à 4

Mussels with Tomatoes

Ingredients

1¹/₄ pounds mussels

2 tablespoons olive oil

1 hot pepper, such as a habanero, chopped (remove seeds for less heat)

¹/₂ onion, chopped

5 cloves garlic, finely chopped

1 cup tomato sauce

1 tomato, chopped

1 tablespoon chopped fresh basil

5 pepperoncino, chopped

Preparation

1. Preheat Airfryer to 330°F.

2. Clean mussels well by scrubbing with a stiff brush under cold water.

3. In a small skillet, heat oil on medium heat. Sauté chopped hot pepper, onion and garlic until onion is translucent.

4. In a large bowl, combine tomato sauce, chopped tomato, basil and pepperoncino. Add ingredients from the skillet to the bowl, stir and add mussels to the bowl. Stir lightly to combine all ingredients.

5. Place in the *Philips Airfryer Non-Stick Baking Dish*. Place the baking dish into the cooking basket and slide into the Airfryer. Cook for 10 minutes. Pour mussels and sauce into a larger bowl and toss until sauce is coating mussels evenly.

Moules avec sauce tomate

Ingrédients

560 g (1¹/₄ lb) de moules

30 ml (2 c. à soupe) d'huile d'olive

1 piment fort, par exemple un piment habanero, haché (retirer les graines pour moins de piquant)

¹/₂ oignon, haché

5 gousses d'ail, hachées finement

250 ml (1 tasse) de sauce tomate

1 tomate, hachée

15 ml (1 c. à soupe) de basilic frais haché

5 piments peperoncino, hachés

Préparation

1. Préchauffer la friteuse Airfryer à 330 °F.

2. Bien nettoyer les moules en les frottant sous l'eau froide avec une brosse à poils durs.

3. Dans une petite poêle, faire chauffer l'huile à feu moyen. Faire revenir le piment fort haché, les oignons et l'ail jusqu'à ce que les oignons soient translucides.

4. Dans un grand bol, mélanger la sauce tomate, les tomates hachées, le basilic et les piments peperoncino. Transférer les ingrédients de la poêle au bol, mélanger et ajouter les moules. Brasser légèrement tous les ingrédients pour les mélanger.

5. Placer la préparation dans *l'accessoire antiadhesif pour cuisson au four Airfryer de Philips*. Déposer le moule dans le panier de cuisson et glisser le panier dans la friteuse Airfryer. Cuire 10 minutes. Verser les moules et la sauce dans un grand bol et brasser jusqu'à ce que les moules soient uniformément enrobées de sauce.

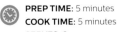 **PREP TIME:** 5 minutes
COOK TIME: 5 minutes
SERVES: 2

EN

 PRÉPARATION : 5 minutes
CUISSON : 5 minutes
PORTIONS : 2

FR

Sweet & Spicy Mussels

Ingredients

1 teaspoon sugar

2 tablespoons mayonnaise

1 tablespoon chopped scallions

1 teaspoon lime juice

1 tablespoon sweet chili sauce

1 pound mussels

Preparation

1. Preheat Airfryer to 360°F.

2. Clean mussels well by scrubbing with a stiff brush under cold water.

3. In a mixing bowl, combine the first 5 ingredients. Spread evenly over the mussels. Set aside.

4. Place the mussels into the cooking basket and slide into the Airfryer. Cook for 5–7 minutes, until mussels are opened.

5. Remove the mussels from the Airfryer and toss in the reserved sauce.

Moules à la sauce douce et épicée

Ingrédients

5 ml (1 c. à thé) de sucre

30 ml (2 c. à soupe) de mayonnaise

15 ml (1 c. à soupe) d'oignon vert

5 ml (1 c. à thé) de citron vert

15 ml (1 c. à soupe) de sauce chili sucrée

450 g (1 lb.) moules

Préparation

1. Préchauffer la friteuse Airfryer à 360 °F.

2. Bien nettoyer les moules en les frottant sous l'eau froide avec une brosse à poils durs.

3. Dans un bol, mélanger les 5 premiers ingrédients. Étendre le mélange uniformément sur les moules. Réserver.

4. Déposer les moules dans le panier de cuisson et glisser le panier dans la friteuse Airfryer. Cuire de 5 à 7 minutes, jusqu'à ce que les moules s'ouvrent.

5. Retirer les moules de la friteuse Airfryer et les remuer dans la sauce mise de côté.

PREP TIME: 15 minutes
COOK TIME: 8 minutes
SERVES: 2

EN

PRÉPARATION : 15 minutes
CUISSON : 8 minutes
PORTIONS : 2

FR

Italian-Style Lobster

Ingredients

1 medium lobster, cooked in shell

2 tablespoons pesto sauce

1 tablespoon minced garlic

3 tablespoons butter, softened

2 tablespoons pine nuts

Preparation

1. Preheat Airfryer to 390°F.

2. On a clean cutting board, halve the lobster vertically. In a small bowl, combine pesto, minced garlic and butter. Spread evenly on the lobster meat and let marinate for 10 minutes.

3. Place the 2 lobster halves, meat side up, into the cooking basket and slide into the Airfryer. Cook for 5 minutes.

4. Remove the basket and sprinkle pine nuts on the lobsters. Slide the cooking basket back into the Airfryer and cook for an additional 3 minutes.

Homard à l'italienne

Ingrédients

1 homard de taille moyenne, cuit dans sa carapace

30 ml (2 c. à soupe) de sauce au pesto

15 ml (1 c. à soupe) d'ail émincé

45 ml (3 c. à soupe) de beurre, ramolli

30 ml (2 c. à soupe) de pignons de pin

Préparation

1. Préchauffer la friteuse Airfryer à 390 °F.

2. Sur une planche à découper propre, couper le homard en deux à la verticale. Dans un petit bol, mélanger le pesto, l'ail émincé et le beurre. Étaler le mélange au pesto uniformément sur la chair de homard et laisser mariner le tout 10 minutes.

3. Placer les deux moitiés de homard, la chair vers le haut, dans le panier de cuisson et glisser le panier dans la friteuse Airfryer. Cuire 5 minutes.

4. Retirer le panier et saupoudrer de pignons de pin les moitiés de homard. Glisser à nouveau le panier de cuisson dans la friteuse Airfryer et poursuivre la cuisson pendant 3 minutes.

PREP TIME: 5 minutes
COOK TIME: 12 minutes
SERVES: 2

 EN

 PRÉPARATION : 5 minutes
CUISSON : 12 minutes
PORTIONS : 2

FR

Tarragon Chicken Breasts

Ingredients

2 boneless, skinless chicken breasts

1 teaspoon unsalted butter

¼ cup dried tarragon

⅛ teaspoon salt

⅛ teaspoon ground black pepper

Preparation

1. Preheat Airfryer to 390°F.

2. Place each chicken breast on a 12 x 12-inch square of heavy-duty foil wrap.

3. Top each chicken breast with half of the butter and sprinkle evenly with half the dried tarragon. Sprinkle with salt and pepper.

4. Carefully wrap the foil around the chicken breast very loosely making a tent shape and allowing an opening for air flow.

5. Place the foil-wrapped chicken breasts into the cooking basket and slide into the Airfryer. Cook for 12 minutes.

6. Using a pair of tongs, lift the foil-wrapped breasts from the cooking basket and carefully remove the chicken breasts from the foil.

Adapted from mealeasy.com.

Poitrines de poulet à l'estragon

Ingrédients

2 poitrines de poulet désossées et sans peau

5 ml (1 c. à thé) de beurre non salé

60 ml (¼ tasse) d'estragon séché

0,5 ml (⅛ c. à thé) de sel

0,5 ml (⅛ c. à thé) de poivre noir moulu

Préparation

1. Préchauffer la friteuse Airfryer à 390 °F.

2. Déposer chaque poitrine de poulet sur une section carrée de 30 par 30 cm (12 par 12 po) de papier d'aluminium résistant.

3. Garnir chaque poitrine de poulet de la moitié du beurre et saupoudrer uniformément de la moitié de l'estragon séché. Saupoudrer de sel et de poivre.

4. Envelopper délicatement la poitrine de poulet avec la feuille d'aluminium, de façon très lâche, en créant une forme de tente et en laissant une ouverture pour laisser circuler l'air.

5. Placer les poitrines de poulet enveloppées d'aluminium dans le panier de cuisson et glisser le panier dans la friteuse Airfryer. Cuire 12 minutes.

6. En utilisant une paire de pinces, retirer du panier de cuisson les poitrines enveloppées d'aluminium et retirer délicatement les poitrines de poulet du papier d'aluminium.

Recette adaptée du site mealeasy.com.

PREP TIME: 10 minutes
COOK TIME: 16 minutes
SERVES: 2–4

 PRÉPARATION : 10 minutes
CUISSON : 16 minutes
PORTIONS : de 2 à 4

Sweet & Sour Shrimp

Ingredients

1 tablespoon canola oil

½ green pepper, seeded, cut into 1-inch pieces

½ red pepper, cut into 1-inch pieces

1 tablespoon minced fresh ginger

½ pound medium shrimp, peeled and deveined

1 cup fresh pineapple, cut into 1-inch pieces

1 cup sweet and sour sauce, store-bought

2 cups cooked white rice

Preparation

1. Preheat Airfryer to 390°F.

2. Add oil, green and red peppers, and ginger to the **Philips Airfryer Non-Stick Baking Dish**. Place the baking dish into the cooking basket and slide into the Airfryer. Cook for 4 minutes.

3. Add shrimp, pineapple and sauce to the baking dish. Stir. Slide back into the Airfryer and cook for 8 minutes.

4. After 8 minutes, slide out the cooking basket and stir the shrimp mixture. Slide back into Airfryer and cook for another 4 minutes.

5. Serve over white rice.

Crevettes à la sauce aigre-douce

Ingrédients

15 ml (1 c. à soupe) d'huile d'olive

½ poivron vert, épépiné, coupé en morceaux de 2,5 cm (1 po)

½ poivron rouge, coupé en morceaux de 2,5 cm (1 po)

15 ml (1 c. à soupe) de gingembre frais émincé

225 g (½ lb) de crevettes de taille moyenne, décortiquées et déveinées

250 ml (1 tasse) d'ananas frais, coupé en morceaux de 2,5 cm (1 po)

250 ml (1 tasse) de sauce aigre-douce achetée en magasin

500 ml (2 tasses) de riz blanc cuit

Préparation

1. Préchauffer la friteuse Airfryer à 390 °F.

2. Placer l'huile, le poivron vert, le poivron rouge et le gingembre dans **l'accessorie antiadhesif pour cuisson au four Airfryer de Philips**. Déposer le moule dans le panier de cuisson et glisser le panier dans la friteuse Airfryer. Cuire 4 minutes.

3. Ajouter les crevettes, l'ananas et la sauce dans le moule. Mélanger. Glisser à nouveau le panier de cuisson dans la friteuse Airfryer et cuire 8 minutes.

4. Après les 8 minutes, retirer le panier de cuisson et remuer la préparation de crevettes. Glisser à nouveau le panier de cuisson dans la friteuse Airfryer et cuire 4 minutes de plus.

5. Servir sur le riz blanc.

PREP TIME: 5 minutes
COOK TIME: 10 minutes
SERVES: 3–4

EN

PRÉPARATION : 5 minutes
CUISSON : 10 minutes
PORTIONS : de 3 à 4

FR

Roasted Asian Chicken Wings

Ingredients

2 cloves garlic, minced

2 teaspoons ground ginger

1 teaspoon ground cumin

Salt and pepper to taste

1¼ pounds chicken wings, cut apart at the joint, wing tips discarded

½ cup sweet chili sauce

Preparation

1. Preheat Airfryer to 360°F.

2. In a small bowl, combine garlic, ginger, cumin, salt and pepper. Rub the chicken wings with the spice mixture.

3. Place the chicken wings into the cooking basket and slide into the Airfryer. Cook for 10 minutes.

4. Serve the chicken wings with the sweet chili sauce.

Ailes de poulet rôties à l'asiatique

Ingrédients

2 gousses d'ail, émincées

10 ml (2 c. à thé) de gingembre moulu

5 ml (1 c. à thé) de cumin moulu

Sel et poivre, au goût

560 g (1¼ lb) d'ailes de poulet, coupées à la jointure, et le petit bout d'aile jetée

125 ml (½ tasse) de sauce chili douce

Préparation

1. Préchauffer la friteuse Airfryer à 360 °F.

2. Dans un petit bol, mélanger l'ail, le gingembre, le cumin, le sel et le poivre. Enrober les ailes de poulet du mélange d'épices.

3. Placer les ailes de poulet dans le panier de cuisson et glisser le panier dans la friteuse Airfryer. Cuire 10 minutes.

4. Servir les ailes de poulet avec la sauce chili douce.

PREP TIME: 10 minutes
COOK TIME: 10 minutes
SERVES: 1

 PRÉPARATION : 10 minutes
CUISSON : 10 minutes
PORTIONS : 1

FR

Tomato Roasted Chicken

Ingredients

¹/₂ cup cherry tomatoes, quartered

³/₄ teaspoon olive oil

1 small garlic clove, minced

¹/₄ teaspoon dried tarragon

¹/₈ teaspoon red pepper flakes

1 (4-ounce) boneless, skinless chicken breast, cut into 2 equal pieces

¹/₈ teaspoon salt

¹/₈ teaspoon ground black pepper

Preparation

1. Preheat Airfryer to 390°F.

2. In a mixing bowl, toss the cherry tomatoes with the olive oil, garlic, tarragon and red pepper flakes.

3. Season the chicken breast pieces with salt and pepper and place into the **Philips Airfryer Non-Stick Baking Dish**.

4. Pour the tomato mixture over the chicken pieces.

5. Place the baking dish into the cooking basket and slide into the Airfryer. Cook for 10 minutes, or until chicken is cooked through to 165°F.

Adapted from mealeasy.com.

Poulet rôti aux tomates

Ingrédients

125 ml (¹/₂ tasse) de tomates cerises, coupées en quatre

4 ml (³/₄ c. à thé) d'huile d'olive

1 petite gousse d'ail, émincée

1 ml (¹/₄ c. à thé) d'estragon séché

0,5 ml (¹/₈ c. à thé) de flocons de piment fort

1 poitrine de poulet désossée et sans peau de 115 g (4 oz), découpée en deux parties égales

0,5 ml (¹/₈ c. à thé) de sel

0,5 ml (¹/₈ c. à thé) de poivre noir moulu

Préparation

1. Préchauffer la friteuse Airfryer à 390 °F.

2. Dans un bol, mélanger les tomates cerises avec l'huile d'olive, l'ail, l'estragon et les flocons de piment fort.

3. Assaisonner de sel et de poivre les morceaux de poitrine de poulet et les placer dans *l'accessoire antiadhesif pour cuisson au four Airfryer de Philips*.

4. Verser le mélange à la tomate sur les morceaux de poulet.

5. Déposer le moule dans le panier de cuisson et glisser le panier dans la friteuse Airfryer. Cuire 10 minutes, ou jusqu'à ce que la température interne du poulet atteigne 165 °F.

Recette adaptée du site mealeasy.com.

PREP TIME: 10 minutes
COOK TIME: 15 minutes
SERVES: 1

EN

Italian Stuffed Chicken Breast

Ingredients

1 (4-ounce) boneless, skinless chicken breast

2 slices tomato

$1/2$ small garlic clove, minced

2 fresh basil leaves

$1/8$ teaspoon salt

$1/8$ teaspoon ground black pepper

1 slice prosciutto

Preparation

1. Preheat Airfryer to 390°F.

2. Make a cut along the widest side of the chicken breast to form a pocket deep enough to hold the tomato slices.

3. Fill the pocket with the tomato slices, garlic and basil leaves.

4. Season the chicken breast with salt and pepper. Wrap the breast with the prosciutto slice.

5. Place the chicken breast into the cooking basket and slide into the Airfryer. Cook for 15 minutes, or until chicken is cooked through to 165°F.

6. Remove the basket from the Airfryer and allow the chicken to rest for 5 minutes before serving.

Adapted from mealeasy.com.

 PRÉPARATION : 10 minutes
CUISSON : 15 minutes
PORTIONS : 1

FR

Poitrine de poulet farcie à l'italienne

Ingrédients

115 g (4 oz) de poitrine de poulet désossée et sans peau

2 tranches de tomate

$1/2$ petite gousse d'ail, émincée

2 feuilles de basilic frais

0,5 ml ($1/8$ c. à thé) de sel

0,5 ml ($1/8$ c. à thé) de poivre noir moulu

1 tranche de prosciutto

Préparation

1. Préchauffer la friteuse Airfryer à 390 °F.

2. Faire une coupe dans le côté le plus large de la poitrine de poulet pour former une cavité suffisamment profonde pour accueillir les tranches de tomates.

3. Remplir la cavité avec les tranches de tomate, l'ail et les feuilles de basilic.

4. Assaisonner la poitrine de poulet de sel et de poivre. Enrouler la tranche de prosciutto autour de la poitrine de poulet.

5. Placer la poitrine de poulet dans le panier de cuisson et glisser le panier dans la friteuse Airfryer. Cuire 15 minutes, ou jusqu'à ce que la température interne du poulet atteigne 165 °F.

6. Retirer le panier de la friteuse Airfryer et laisser le poulet reposer 5 minutes avant de servir.

Recette adaptée du site mealeasy.com.

PREP TIME: 10 minutes
COOK TIME: 13 minutes
SERVES: 2

EN

 PRÉPARATION : 10 minutes
CUISSON : 13 minutes
PORTIONS : 2

FR

Italian Sausage & Peppers

Ingredients

$^1/_2$ medium green pepper, seeded, cut into $^1/_2$-inch strips

$^1/_2$ medium red pepper, seeded, cut into $^1/_2$-inch strips

1 small yellow onion, cut into $^1/_2$-inch rounds

$^1/_2$ pound mild Italian sausage, cut into 1-inch rounds

Preparation

1. Preheat Airfryer to 360°F.

2. Place the peppers, onion and sausage into the cooking basket and slide into the Airfryer.

3. Cook for 13 minutes until cooked through.

Saucisse italienne et poivrons

Ingrédients

$^1/_2$ poivron vert moyen, épépiné, coupé en lanières de 1 cm ($^1/_2$ po)

$^1/_2$ poivron rouge moyen, épépiné, coupé en lanières de 1 cm ($^1/_2$ po)

1 petit oignon jaune, coupé en rondelles de 1 cm ($^1/_2$ po)

225 g ($^1/_2$ lb) de saucisses italiennes douces, coupées en rondelles de 2,5 cm (1 po)

Préparation

1. Préchauffer la friteuse Airfryer à 360 °F.

2. Placer les poivrons, l'oignon et la saucisse dans le panier de cuisson et glisser le panier dans la friteuse Airfryer.

3. Cuire 13 minutes, jusqu'à ce que le tout soit bien cuit.

PREP TIME: 10 minutes
COOK TIME: 20 minutes
SERVES: 2–3

EN

 PRÉPARATION : 10 minutes
CUISSON : 20 minutes
PORTIONS : de 2 à 3

FR

Sesame Spicy Orange Chicken

Ingredients

¼ cup all-purpose flour

½ teaspoon salt

½ teaspoon ground black pepper

1 large egg

2 tablespoons water

¼ cup sesame seeds

½ cup panko bread crumbs

2 (6-ounce) boneless, skinless chicken breasts

Olive oil cooking spray

2 tablespoons prepared horseradish

⅓ cup orange marmalade

Preparation

1. In a mixing bowl, combine the flour, salt and pepper. Set aside.

2. In another mixing bowl, whisk together the egg and water. Set aside.

3. In a third mixing bowl, combine the sesame seeds and panko bread crumbs.

4. Preheat Airfryer to 360°F.

5. Dredge each chicken breast in the flour mixture, the egg mixture, and then the sesame mixture. Place breaded chicken on the **Philips Airfryer Grill Pan**. Spray each side of the chicken lightly with cooking spray.

6. Slide the grill pan into the Airfryer. Cook for 10 minutes.

7. Remove the grill pan, turn the chicken breasts over and cook for another 10 minutes.

8. Combine the horseradish and marmalade. Serve the sauce with the chicken.

Poulet épicé au sésame et à l'orange

Ingrédients

60 ml (¼ tasse) de farine tout usage

2,5 ml (½ c. à thé) de sel

2,5 ml (½ c. à thé) de poivre noir moulu

1 gros œuf

30 ml (2 c. à soupe) d'eau

60 ml (¼ tasse) de graines de sésame

125 ml (½ tasse) de chapelure panko

2 poitrines de poulet désossées et sans peau (170 g ou 6 oz)

Huile d'olive à vaporiser pour la cuisson

30 ml (2 c. à soupe) de raifort préparé

80 ml (⅓ tasse) de marmelade à l'orange

Préparation

1. Dans un bol, mélanger la farine, le sel et le poivre. Réserver.

2. Dans un autre bol, fouetter l'œuf et l'eau. Réserver.

3. Dans un troisième bol, mélanger les graines de sésame et la chapelure panko.

4. Préchauffer la friteuse Airfryer à 360 °F.

5. Tremper chaque poitrine de poulet dans le mélange de farine, le mélange d'œuf, puis le mélange de graines de sésame. Placer le poulet enrobé de panure dans la **poêle pour Airfryer de Philips**. Vaporiser légèrement d'huile chaque côté du poulet.

6. Glisser la poêle dans la friteuse Airfryer. Cuire 10 minutes.

7. Retirer la poêle, retourner les poitrines de poulet et cuire 10 minutes de plus.

8. Mélanger le raifort et la marmelade. Servir le poulet avec la sauce.

PREP TIME: 10 minutes
COOK TIME: 14 minutes
SERVES: 2

EN

 PRÉPARATION : 10 minutes
CUISSON : 14 minutes
PORTIONS : 2

FR

Chicken Fajitas

Ingredients

½ pound chicken tenders, cut into 4 pieces

1 tablespoon fajita seasoning

1 medium onion, thinly sliced

1 red or green pepper, cut in half, seeded and thinly sliced

1 teaspoon vegetable oil

1 teaspoon salt

4 flour tortillas

Preparation

1. Preheat Airfryer to 390°F. Coat chicken tenders on both sides with the fajita seasoning and set aside.

2. In a small mixing bowl, toss the onion and pepper slices in the oil. Place the pepper slices and onions into the cooking basket.

3. Place the seasoned chicken tenders on top of the vegetables into the cooking basket and slide into the Airfryer. Cook for 7 minutes.

4. Remove the cooking basket and, using a pair of tongs, turn the vegetables and tenders. Put the cooking basket back into the Airfryer and cook for an additional 7 minutes.

5. Remove the chicken and vegetables to a large plate. Separate the chicken tenders onto a cutting board and thinly slice. Serve the chicken tenders with vegetables in tortillas and add desired toppings.

TIP

Serve with prepared salsa, fresh avocado and sour cream.

Fajitas au poulet

Ingrédients

225 g (½ lb) de filets de poitrine de poulet, coupées en 4 morceaux

15 ml (1 c. à soupe) d'assaisonnement à fajita

1 oignon moyen, émincé

1 poivron rouge ou vert, coupé en deux, épépiné et émincé

5 ml (1 c. à thé) d'huile végétale

5 ml (1 c. à thé) de sel

4 tortillas à la farine

Préparation

1. Préchauffer la friteuse Airfryer à 390 °F. Enrober les filets de poitrine de poulet des deux côtés avec l'assaisonnement à fajita et réserver.

2. Dans un petit bol à mélanger, mélanger les tranches d'oignon et de poivron avec l'huile. Déposer les tranches de poivron et d'oignon dans le panier de cuisson.

3. Déposer les filets de poitrine de poulet assaisonnés sur les légumes dans le panier de cuisson et glisser le panier dans la friteuse Airfryer. Cuire 7 minutes.

4. Retirer le panier de cuisson et, avec une paire de pinces, retourner les légumes et les filets. Glisser à nouveau le panier de cuisson dans la friteuse Airfryer et poursuivre la cuisson pendant 7 minutes.

5. Retirer le poulet et les légumes et les déposer dans un grand plat. Séparer les filets de poitrine de poulet sur une planche à découper et les émincer. Servir les filets de poitrine de poulet avec les légumes dans des tortillas, puis ajouter les garnitures désirées.

CONSEILS

Servir avec de la salsa, de l'avocat frais et de la crème sure.

PREP TIME: 10 minutes
COOK TIME: 20 minutes
SERVES: 4

 EN

PRÉPARATION : 10 minutes
CUISSON : 20 minutes
PORTIONS : 4

 FR

Turkey and Vegetable Patties

Ingredients

1 ²/₃ cups finely chopped button mushrooms

2 ¹/₄ cups coarsely grated carrots, peeled

1 ²/₃ cups grated zucchini

1 medium onion, finely chopped

12 ounces ground turkey

1 cup old-fashioned rolled oats

1 large egg

1 large egg white

2 tablespoons chopped fresh Italian flat-leaf parsley

2 tablespoons chunky hot tomato salsa

2 garlic cloves, minced

1 teaspoon Worcestershire sauce

1 ¹/₂ teaspoons curry powder

Preparation

1. Preheat Airfryer to 390°F.

2. In a large bowl, combine all of the ingredients and mix thoroughly.

3. Form the mixture into 8 equal-sized patties.

4. Place 4 patties into the cooking basket and slide into the Airfryer. Cook for 10 minutes, or until cooked through to 165°F.

5. Repeat step #4 with the remaining patties.

Adapted from mealeasy.com.

TIP

If serving only two people, you may cut the ingredients in half.

Galettes de dinde et de légumes

Ingrédients

400 ml (1 ²/₃ tasse) de champignons de Paris finement hachés

530 ml (2 ¹/₄ tasses) de carottes pelées et râpées grossièrement

400 ml (1 ²/₃ tasse) de courgettes râpé

1 oignon moyen, finement haché

340 g (12 oz) de dinde hachée

250 ml (1 tasse) de flocons d'avoine à l'ancienne

1 gros œuf

1 gros blanc d'œuf

30 ml (2 c. à soupe) de persil italien frais haché

30 ml (2 c. à soupe) de sauce salsa piquante aux tomates, avec des morceaux

2 gousses d'ail, émincées

5 ml (1 c. à thé) de sauce Worcestershire

7 ml (1 ¹/₂ c. à thé) de poudre de cari

Préparation

1. Préchauffer la friteuse Airfryer à 390 °F.

2. Dans un grand bol, ajouter tous les ingrédients et bien mélanger.

3. Former 8 galettes de taille égale avec le mélange.

4. Déposer 4 galettes dans le panier de cuisson et glisser le panier dans la friteuse Airfryer. Cuire 10 minutes, ou jusqu'à ce que la température interne de la galette atteigne 165 °F.

5. Répéter l'étape 4 avec les galettes restantes.

Recette adaptée du site mealeasy.com.

CONSEILS

Si vous préparez cette recette pour deux personnes, vous pouvez couper de moitié les quantités d'ingrédients.

PREP TIME: 15 minutes
COOK TIME: 3 minutes
SERVES: 1

EN

Gorgonzola Apple Pizza

Ingredients

¼ apple, washed, peeled and cored

¼ cup shredded mozzarella cheese

2 flour tortillas, taco-size

½ teaspoon garlic powder

½ tablespoon Gorgonzola cheese

Preparation

1. Preheat Airfryer to 390°F.

2. On a cutting board, cut apple into thin slices. Spread half the shredded mozzarella cheese on 1 tortilla. Sprinkle with garlic powder. Cover with second tortilla.

3. Spread remaining mozzarella cheese, Gorgonzola cheese and sliced apple on top of the tortillas.

4. Place the tortilla pizza into the cooking basket and slide into the Airfryer. Cook for 3 minutes.

TIP

You can substitute pineapple or grapes instead of the apple.

PRÉPARATION : 15 minutes
CUISSON : 3 minutes
PORTIONS : 1

FR

Pizza au Gorgonzola et aux pommes

Ingrédients

¼ pomme, lavée, pelée et épépinée

60 ml (¼ tasse) de fromage Mozzarella râpé

2 tortillas à la farine, format taco

2,5 ml (½ c. à thé) de poudre d'ail

8 ml (½ c. à soupe) de fromage Gorgonzola

Préparation

1. Préchauffer la friteuse Airfryer à 390 °F.

2. Sur une planche à découper, découper la pomme en tranches minces. Étaler la moitié du fromage mozzarella râpé sur une tortilla. Saupoudrer avec la poudre d'ail. Couvrir avec la seconde tortilla.

3. Étaler le fromage mozzarella restant, le fromage gorgonzola et les pommes tranchées sur le dessus des tortillas.

4. Placer les tortillas dans le panier de cuisson et glisser le panier dans la friteuse Airfryer. Cuire 3 minutes.

CONSEILS

Vous pouvez remplacer la pomme par de l'ananas ou des raisins.

PREP TIME: 15 minutes
COOK TIME: 15 minutes
SERVES: 4

EN

PRÉPARATION : 15 minutes
CUISSON : 15 minutes
PORTIONS : 4

FR

Pork & Tomato Rolls

Ingredients

4 sun-dried tomatoes in oil, well drained and chopped

2 tablespoons finely chopped flat-leaf parsley

1 green onion, finely chopped

2 teaspoons paprika

Salt and pepper to taste

4 (4-ounce) pork cutlets, sliced thin

½ teaspoon vegetable oil

Wooden toothpicks or kitchen string for tying rolls

Preparation

1. Preheat Airfryer to 390°F.

2. In a mixing bowl, combine the chopped sun-dried tomatoes, parsley, scallion and paprika. Season with salt and pepper to taste.

3. On a cutting board, place the cutlets and cover them evenly with the tomato mixture.

4. Roll up the cutlets and secure them in three places with toothpicks or string. With a pastry brush, lightly coat the rolls with the oil.

5. Place the cutlets, evenly spaced, into the cooking basket and slide into the Airfryer. Cook for 15 minutes, or until rolls are nicely browned.

TIP

Serve with tomato sauce.

Côtelettes de porc roulées à la tomate

Ingrédients

4 tomates séchées au soleil dans l'huile, bien égouttées et hachées

30 ml (2 c. à soupe) de persil italien finement haché

1 oignon vert, haché finement

10 ml (2 c. à thé) de paprika

Sel et poivre, au goût

4 côtelettes de porc (110 g ou 4 oz), tranchées finement

2,5 ml (½ c. à thé) d'huile végétale

Cure-dents en bois ou ficelle de cuisine pour attacher les rouleaux

Préparation

1. Préchauffer la friteuse Airfryer à 390 °F.

2. Dans un bol, mélanger les tomates séchées hachées, le persil, l'oignon vert et le paprika. Assaisonner de sel et de poivre, au goût.

3. Déposer les côtelettes sur une planche à découper et les enrober uniformément du mélange à la tomate.

4. Rouler les côtelettes et les fixer en trois endroits avec les cure-dents ou la ficelle. Avec un pinceau à pâtisserie, badigeonner légèrement d'huile les rouleaux.

5. Placer les côtelettes, en les espaçant , dans le panier de cuisson et glisser le panier dans la friteuse Airfryer. Cuire 15 minutes, ou jusqu'à ce que les rouleaux soient dorés et appétissants.

CONSEILS

Servir avec une sauce tomate.

PREP TIME: 2 minutes
COOK TIME: 10 minutes
SERVES: 1

Roasted Pork Cutlet

Ingredients

1 (6-to-8-ounce) pork cutlet

1 teaspoon vegetable oil

Salt and pepper to taste

Preparation

1. Preheat Airfryer to 390°F.

2. On a cutting board, rub the cutlet with the oil and season with salt and pepper.

3. Place the cutlet into the cooking basket and slide into the Airfryer. Cook for 10 minutes, or until internal temperature reaches 140°F.

 PRÉPARATION : 2 minutes
CUISSON : 10 minutes
PORTIONS : 1

Côtelette de porc rôtie

Ingrédients

1 côtelette de porc de 170 à 225 g (6 à 8 oz)

5 ml (1 c. à thé) d'huile végétale

Sel et poivre, au goût

Préparation

1. Préchauffer la friteuse Airfryer à 390 °F.

2. Sur une planche à découper, enrober la côtelette d'huile et l'assaisonner de sel et de poivre.

3. Déposer la côtelette dans le panier de cuisson et glisser le panier dans la friteuse Airfryer. Cuire 10 minutes ou jusqu'à ce que la température interne de la viande atteigne 140 °F.

PREP TIME: 5 minutes
COOK TIME: 10–12 minutes
SERVES: 1

EN

 PRÉPARATION : 5 minutes
CUISSON : de 10 à 12 minutes
PORTIONS : 1

FR

Gluten-Free Crusted Pork Chops

Ingredients

¹/₂ cup white rice flour

¹/₂ cup sweet rice flour

¹/₂ teaspoon salt

1 large egg, beaten

1 (12-ounce) can gluten-free tortilla crumbs

1 (4-to-6-ounce) pork chop

Preparation

1. Preheat Airfryer to 360°F.

2. In a mixing bowl, combine white and sweet rice flours and salt. Mix well.

3. Place the beaten egg and tortilla crumbs into two separate bowls. Coat the pork chop with rice flour mixture until evenly coated, then dip into beaten egg and then tortilla crumbs.

4. Place the pork chop into the cooking basket and slide into the Airfryer for 10–12 minutes until nicely browned and pork is cooked through to 140°F.

Côtelettes de porc croustillantes sans gluten

Ingrédients

125 ml (¹/₂ tasse) de farine de riz blanc

125 ml (¹/₂ tasse) de farine de riz glutineux

2,5 ml (¹/₂ c. à thé) de sel

1 gros œuf, battu

1 boîte (12 oz) de miettes de tortillas sans gluten

1 côtelette de porc (de 4 à 6 oz)

Préparation

1. Préchauffer la friteuse Airfryer à 360 °F.

2. Dans un bol, mélanger la farine de riz blanc, la farine de riz glutineux et le sel. Bien mélanger.

3. Placer l'œuf battu et les miettes de tortillas dans deux bols distincts. Enrober uniformément la côtelette de porc avec le mélange de farine de riz, puis la tremper dans l'œuf battu et l'enrober de miettes de tortillas.

4. Placer la côtelette de porc dans le panier de cuisson, glisser le panier dans la friteuse Airfryer et cuire de 10 à 12 minutes, jusqu'à ce qu'elle soit bien dorée et que la viande soit cuite et atteigne 140 °F.

PREP TIME: 10 minutes
COOK TIME: 10 minutes
SERVES: 1

EN

PRÉPARATION : 10 minutes
CUISSON : 10 minutes
PORTIONS : 1

FR

Spicy Crab Burgers

Ingredients

4 ounces crabmeat, chunked, drained well

5 tablespoons panko bread crumbs, divided

1/4 cup finely chopped scallions

1/4 teaspoon finely chopped jalapeño pepper

2 1/4 teaspoons low-fat mayonnaise

1/4 teaspoon grated fresh ginger

1/8 teaspoon ground black pepper

1 3/4 teaspoons lemon zest

1 teaspoon lemon juice

1 medium egg white, lightly beaten

1 whole wheat hamburger bun

1/4 avocado, peeled, pitted and sliced

Preparation

1. In a mixing bowl, combine the crabmeat, 3 tablespoons panko bread crumbs, scallions, jalapeño, mayonnaise, ginger, pepper, lemon zest, lemon juice and egg white. Mix thoroughly and form into a patty.

2. Add the remaining bread crumbs into a small mixing bowl and dredge the patty until thoroughly coated. Cover and refrigerate for 20 minutes.

3. Preheat Airfryer to 390°F. Place the patty into the cooking basket and slide into the Airfryer. Cook for 8 minutes.

4. After 8 minutes, add the bun to the cooking basket. Cook for 2 minutes. Serve the burger topped with the avocado.

Adapted from mealeasy.com.

Burgers de crabe épicés

Ingrédients

115 g (4 oz) de chair de crabe, en morceaux, bien égouttée

75 ml (5 c. à soupe) de chapelure panko, divisé en deux portions

60 ml (1/4 tasse) d'oignon vert finement haché

1 ml (1/4 c. à thé) de piment jalapeno finement haché

11 ml (2 1/4 c. à thé) de mayonnaise faible en gras

1 ml (1/4 c. à thé) de gingembre fraîchement râpé

0,5 ml (1/8 c. à thé) de poivre noir moulu

9 ml (1 3/4 c. à thé) de zeste de citron

5 ml (1 c. à thé) de jus de citron

1 blanc d'œuf moyen, légèrement battu

1 pain à hamburger au blé entier

1/4 avocat, pelé, dénoyauté et tranché

Préparation

1. Dans un bol, mélanger la chair de crabe, 45 ml (3 c. à soupe) de chapelure panko, l'oignon vert, le piment jalapeno, la mayonnaise, le gingembre, le poivre, le zeste de citron, le jus de citron et le blanc d'œuf. Bien mélanger et former une galette.

2. Ajouter le restant de chapelure dans un petit bol et bien enrober la galette dans la chapelure. Couvrir et réfrigérer 20 minutes.

3. Préchauffer la friteuse Airfryer à 390 °F. Déposer la galette dans le panier de cuisson et glisser le panier dans la friteuse Airfryer. Cuire 8 minutes.

4. Après 8 minutes, ajouter le pain à hamburger dans le panier de cuisson. Cuire 2 minutes. Garnir le burger d'avocat et servir.

Recette adaptée du site mealeasy.com.

PREP TIME: 10 minutes
COOK TIME: 10 minutes
SERVES: 1

EN

PRÉPARATION : 10 minutes
CUISSON : 10 minutes
PORTIONS : 1

FR

Italian Grilled Cheese

Sandwich au fromage fondant à l'italienne

Ingredients

2 tablespoons aïoli

2 slices ciabatta sandwich bread

2 tablespoons basil pesto

3 ounces fresh mozzarella, sliced

4 cherry tomatoes, halved

2 slices prosciutto

2 teaspoons freshly grated Parmesan cheese

Ingrédients

30 ml (2 c. à soupe) d'aïoli

2 tranches de pain à sandwich ciabatta

30 ml (2 c. à soupe) de pesto au basilic

85 g (3 oz) de mozzarella frais, tranché

4 tomates cerises, coupées en deux

2 tranches de prosciutto

10 ml (2 c. à thé) de parmesan fraîchement râpé

Preparation

1. Preheat Airfryer to 300°F.

2. Spread the aïoli on both sides of each slice of bread. Spread the pesto on one side of each slice of bread.

3. Place the mozzarella slices and halved cherry tomatoes on top of the pesto. Place the prosciutto on top of the cherry tomatoes.

4. Sprinkle the Parmesan cheese evenly over the cherry tomatoes. Cover prosciutto with the second slice of bread, pesto side down.

5. Place the sandwich into the cooking basket and slide into the Airfryer until aïoli forms a golden crust and cheese is melted inside.

Adapted from mealeasy.com.

Préparation

1. Préchauffer la friteuse Airfryer à 300 °F.

2. Tartiner d'aïoli les deux côtés de chaque tranche de pain. Tartiner de pesto un côté de chaque tranche de pain.

3. Déposer les tranches de mozzarella et les tomates cerises sur le pesto. Déposer le prosciutto sur les tomates cerises.

4. Saupoudrer uniformément de parmesan les tomates cerises. Couvrir le prosciutto avec la seconde tranche de pain, le côté tartiné de pesto vers le bas.

5. Placer le sandwich dans le panier de cuisson et glisser le panier dans la friteuse Airfryer jusqu'à ce que l'aïoli forme une croûte dorée et que le fromage soit fondu à l'intérieur.

Recette adaptée du site mealeasy.com.

PREP TIME: 15 minutes
COOK TIME: 11 minutes
SERVES: 3

Grilled Beef Burger

Ingredients

³/₄ pound ground beef

4 teaspoons finely chopped onion

1 clove garlic, minced

Salt and pepper to taste

Pinch of paprika

3 hamburger buns

4 teaspoons ketchup

3 lettuce leaves, washed

1 tomato, washed and sliced

3 slices cheddar cheese

Preparation

1. Preheat Airfryer to 360°F.

2. In a medium-sized bowl, combine the ground beef, chopped onion and garlic. Add salt, pepper and paprika and mix well. Form 3 hamburger patties.

3. Place the patties on the *Philips Airfryer Grill Pan* and slide it into the Airfryer. Cook for 10 minutes.

4. On a plate, place the bottoms of the 3 hamburger buns. Top the bottom buns with ketchup and add a lettuce leaf, a slice of tomato and a slice of cheese to each. Carefully remove the patties from the Airfryer. Place on the buns and cover with the other buns.

5. Place the burgers in their buns into the cooking basket and slide into the Airfryer. Cook for 1 minute.

PRÉPARATION : 15 minutes
CUISSON : 11 minutes
PORTIONS : 3

Burger de bœuf grillé

Ingrédients

340 g (³/₄ lb) de bœuf haché

20 ml (4 c. à thé) d'oignon finement haché

1 gousse d'ail, émincée

Sel et poivre, au goût

1 pincée de paprika

3 pains à hamburger

20 ml (4 c. à thé) de ketchup

3 feuilles de laitue, lavées

1 tomate, lavée et tranchée

3 tranches de fromage cheddar

Préparation

1. Préchauffer la friteuse Airfryer à 360 °F.

2. Dans un bol de taille moyenne, mélanger le bœuf haché, les oignons hachés et l'ail. Ajouter le sel, le poivre et le paprika, puis bien mélanger. Former 3 galettes de hamburger.

3. Placer les galettes dans la *poêle Airfryer de Philips* et la glisser dans la friteuse Airfryer. Cuire 10 minutes.

4. Sur un plat, disposer la moitié inférieure de 3 pains à hamburger. Garnir la partie inférieure des pains de ketchup et ajouter sur chacune une feuille de salade, une tranche de tomate et une tranche de fromage. Retirer délicatement les galettes de la friteuse Airfryer. Placer les galettes sur les pains et recouvrir de la partie supérieure des pains.

5. Placer les burgers avec leur pain dans le panier de cuisson et glisser le panier dans la friteuse Airfryer. Cuire 1 minute.

PREP TIME: 10 minutes
COOK TIME: 12 minutes
SERVES: 1

EN

PRÉPARATION : 10 minutes
CUISSON : 12 minutes
PORTIONS : 1

FR

White Bean Burger

Ingredients

¹/₃ cup finely chopped tomato, divided

1¹/₂ teaspoons chopped fresh basil

1¹/₂ teaspoons olive oil, divided

³/₄ teaspoon balsamic vinegar

¹/₄ yellow pepper, chopped, divided

1 small garlic clove, minced

¹/₈ teaspoon salt

¹/₈ teaspoon black pepper

¹/₂ cup cannellini, drained, rinsed and coarsely pureed

1 tablespoon chopped scallions

1 tablespoon plus 1 teaspoon yellow cornmeal, divided

¹/₄ teaspoon Italian seasoning

1 whole wheat hamburger bun

Preparation

1. Preheat Airfryer to 390°F. In a small mixing bowl, mix together two-thirds of the chopped tomato, basil, half of the olive oil, vinegar and half of the yellow pepper. Set aside.

2. In a separate mixing bowl, combine the remaining tomatoes, the remaining olive oil, the remaining peppers, garlic, salt, pepper, beans, scallions, half of the cornmeal and the Italian seasoning. Shape the mixture into a patty and coat with the remaining cornmeal.

3. Place the patty into the cooking basket and slide into the Airfryer. Cook for 10 minutes.

4. After 10 minutes, add the bun to the cooking basket and slide into the Airfryer for 2 minutes. Serve the burger topped with the tomato basil mixture.

Adapted from mealeasy.com.

Burger aux haricots blancs

Ingrédients

80 ml (¹/₃ tasse) de tomate finement hachée, divisée en deux portions

7 ml (1¹/₂ c. à thé) de basilic frais haché

7 ml (1¹/₂ c. à thé) d'huile d'olive, divisée en deux portions

4 ml (³/₄ c. à thé) de vinaigre balsamique

¹/₄ poivron jaune, haché, divisé en deux portions

1 petite gousse d'ail, émincée

0,5 ml (¹/₈ c. à thé) de sel

0,5 ml (¹/₈ c. à thé) de poivre noir moulu

125 ml (¹/₂ tasse) de haricots blancs, égouttés, rincés et réduits en purée grossière

15 ml (1 c. à soupe) d'oignon vert

15 ml (1 c. à soupe) plus 5 ml (1 c. à thé) de farine de maïs jaune, divisée en deux portions

1 ml (¹/₄ c. à thé) d'assaisonnement à l'italienne

1 pain à hamburger au blé entier

Préparation

1. Préchauffer la friteuse Airfryer à 390 °F. Dans un petit bol, mélanger les ²/₃ des tomates hachées, le basilic, la moitié de l'huile d'olive, le vinaigre et la moitié du poivron jaune. Réserver.

2. Dans un autre bol, mélanger le restant des tomates, le restant d'huile d'olive, le restant de poivron, l'ail, le sel, le poivre, les haricots, l'oignon vert, la moitié de la farine de maïs et l'assaisonnement à l'italienne. Former une galette à partir du mélange et l'enrober dans la farine de maïs restante.

3. Déposer la galette dans le panier de cuisson et glisser le panier dans la friteuse Airfryer. Cuire 10 minutes.

4. Après les 10 minutes, ajouter le pain dans le panier de cuisson, glisser le panier dans la friteuse Airfryer et cuire 2 minutes de plus. Servir le burger garni du mélange à la tomate et au basilic.

Recette adaptée du site mealeasy.com.

PREP TIME: 10 minutes
COOK TIME: 16 minutes
SERVES: 2–4

EN

Vegetable Stir-Fry

Ingredients

¹/₂ cup broccoli florets

2 tablespoons water

¹/₂ cup baby corn

1 (8-ounce) can bamboo shoots, drained

1 (8-ounce) can sliced water chestnuts, drained

8 ounces rice noodles, cooked and drained

1 cup General Tso's sauce

¹/₄ cup crushed peanuts

¹/₄ cup water

¹/₄ cup chopped scallions

Preparation

1. Preheat Airfryer to 390°F.

2. Place the broccoli in the *Philips Airfryer Non-Stick Baking Dish* with 2 tablespoons of water. Place the baking dish into the cooking basket and slide into the Airfryer. Cook for 5 minutes.

3. Place all of the remaining ingredients except the scallions into the baking dish. Stir to combine. Cook for an additional 7 minutes.

4. After 7 minutes, stir the vegetable and noodle mixture, and cook for another 4 minutes.

PRÉPARATION : 10 minutes
CUISSON : 16 minutes
PORTIONS : de 2 à 4

FR

Sauté végétarien à l'asiatique

Ingrédients

125 ml (¹/₂ tasse) de fleurons de brocoli

30 ml (2 c. à soupe) d'eau

125 ml (¹/₂ tasse) de maïs miniatures

1 boîte (227 ml ou 8 oz) de pousses de bambou, égouttées

1 boîte (227 ml ou 8 oz) de châtaignes d'eau, égouttées et tranchées

225 g (8 oz) de nouilles de riz, cuites et égouttées

250 ml (1 tasse) de sauce Général Tao

60 ml (¹/₄ tasse) d'arachides broyées

60 ml (¹/₄ tasse) d'eau

60 ml (¹/₄ tasse) d'oignon vert haché

Préparation

1. Préchauffer la friteuse Airfryer à 390 °F.

2. Placer le brocoli dans *l'accessoire antiadhesif pour cuisson au four Airfryer de Philips* avec 30 ml (2 c. à soupe) d'eau. Déposer le moule dans le panier de cuisson et glisser le panier dans la friteuse Airfryer. Cuire 5 minutes.

3. Placer tous les ingrédients restants, à l'exception de l'oignon vert, dans le moule antiadhésif. Remuer pour mélanger. Cuire 7 minutes de plus.

4. Après les 7 minutes, remuer le mélange de légumes et de nouilles et cuire 4 minutes de plus.

PREP TIME: 10 minutes
COOK TIME: 10 minutes
SERVES: 4

Four-Bean Bake

Ingredients

1 tablespoon olive oil

1/2 medium yellow onion, diced

Olive oil cooking spray

1/2 cup canned red kidney beans, drained and rinsed

1/2 cup canned navy beans, drained and rinsed

1/2 cup canned chickpeas/garbanzo beans, drained and rinsed

1/2 cup canned black beans, drained and rinsed

2/3 cup chunky tomato salsa, divided

1/2 teaspoon chili powder

1/8 teaspoon ground black pepper

3/4 cup low-fat shredded Monterey Jack cheese

1/2 cup crushed low-fat tortilla chips

1/2 avocado, diced

Preparation

1. Preheat Airfryer to 360°F. In a small skillet, add the olive oil over medium heat and sauté the diced onion for 2–4 minutes until translucent.

2. Coat the inside of the *Philips Airfryer Non-Stick Baking Dish* with cooking spray.

3. In a mixing bowl, mix all of the beans together with half of the salsa, the sautéed onions, chili powder and black pepper. Spoon mixture into the baking dish. Top with the cheese.

4. Place the baking dish into the cooking basket and slide into the Airfryer. Cook for 6 minutes.

5. Spoon the remaining salsa over the top of the beans. Sprinkle the crushed tortilla chips on top and return the cooking basket into the Airfryer for 4 minutes.

6. Spoon the beans into a serving dish and top with the diced avocado.

Adapted from mealeasy.com.

 PRÉPARATION : 10 minutes
CUISSON : 10 minutes
PORTIONS : 4

Casserole aux quatre haricots

Ingrédients

15 ml (1 c. à soupe) d'huile d'olive

1/2 oignon jaune moyen, coupé en dés

Huile d'olive à vaporiser pour la cuisson

125 ml (1/2 tasse) de haricots rouges en boîte, égouttés et rincés

125 ml (1/2 tasse) de petits haricots blancs en boîte, égouttés et rincés

125 ml (1/2 tasse) de pois chiches en boîte, égouttés et rincés

125 ml (1/2 tasse) de haricots noirs en boîte, égouttés et rincés

160 ml (2/3 tasse) de salsa à la tomate avec morceaux, divisée

2,5 ml (1/2 c. à thé) de poudre de chili

0,5 ml (1/8 c. à thé) à thé de poivre noir moulu

180 ml (3/4 tasse) de fromage Monterey Jack faible en gras râpé

125 ml (1/2 tasse) de croustilles de tortilla faibles en gras écrasées

1/2 avocat, coupé en dés

Préparation

1. Préchauffer la friteuse Airfryer à 360 °F. Dans une petite poêle, chauffer l'huile d'olive à feu moyen et faire revenir l'oignon en dés de 2 à 4 minutes, jusqu'à ce qu'il soit translucide.

2. Vaporiser l'intérieur de *l'accessoire antiadhesif pour cuisson au four Airfryer de Philips* avec l'huile de cuisson.

3. Dans un bol à mélanger, mélanger tous les haricots avec la moitié de la salsa, les oignons sautés, la poudre de chili et le poivre noir. Verser à la cuillère le mélange dans le moule. Garnir de fromage.

4. Déposer le moule dans le panier de cuisson et glisser le panier dans la friteuse Airfryer. Cuire 6 minutes.

5. Verser à la cuillère la salsa restante sur les haricots. Saupoudrer le dessus avec les croustilles de tortilla écrasées, placer de nouveau le panier de cuisson dans la friteuse Airfryer et cuire 4 minutes de plus.

6. Verser à la cuillère les haricots dans un plat de service et garnir avec l'avocat en dés.

Recette adaptée du site mealeasy.com.

PREP TIME: 10 minutes
COOK TIME: 20 minutes
SERVES: 1

EN

 PRÉPARATION : 10 minutes
CUISSON : 20 minutes
PORTIONS : 1

FR

Eggplant Gratin

Ingredients

1¼ cups eggplant, peeled, cut into ¼-inch cubes

¼ cup chopped red pepper

¼ cup chopped green pepper

1 medium tomato, chopped

¼ cup chopped yellow onion

1 small garlic clove, minced

½ tablespoon pimiento stuffed green olives, sliced

½ teaspoon capers, drained

¼ teaspoon dried basil

¼ teaspoon dried marjoram

⅛ teaspoon salt

⅛ teaspoon ground black pepper

Olive oil cooking spray

¼ cup shredded mozzarella cheese

1 tablespoon plus 1 teaspoon Italian-style bread crumbs

Preparation

1. Preheat Airfryer to 300°F. In a mixing bowl, toss together the eggplant, red pepper, green pepper, tomatoes, onion, garlic, olives, capers, basil, marjoram, salt and pepper.

2. Coat the inside of an 8-ounce ramekin with the cooking spray and spoon the eggplant mixture into the ramekin.

3. Top with cheese and bread crumbs.

4. Place the ramekin into the cooking basket and slide into the Airfryer. Cook for 20 minutes, or until browned and bubbling.

Adapted from mealeasy.com.

TIP

If you have the *Philips Airfryer Non-Stick Baking Dish*, you can double the recipe for dinner for two. Cook for 30 minutes, or until browned and bubbling.

Gratin d'aubergine

Ingrédients

300 ml (1¼ tasse) d'aubergine, pelée et coupée en cubes de ¼ po

60 ml (¼ tasse) de poivron rouge haché

60 ml (¼ tasse) de poivron vert haché

1 tomate moyenne, hachée

60 ml (¼ tasse) d'oignon jaune haché

1 petite gousse d'ail, émincée

8 ml (½ c. à soupe) d'olives farcies de piment, tranchées

2,5 ml (½ c. à soupe) de câpres, égouttées

1 ml (¼ c. à thé) de basilic séché

1 ml (¼ c. à thé) de marjolaine séchée

0,5 ml (⅛ c. à thé) de sel

0,5 ml (⅛ c. à thé) à thé de poivre noir moulu

Huile d'olive à vaporiser pour la cuisson

60 ml (¼ tasse) de fromage Mozzarella râpé

15 ml (1 c. à soupe) plus 5 ml (1 c. à thé) de chapelure assaisonnée à l'italienne

Préparation

1. Préchauffer la friteuse Airfryer à 300 °F. Dans un bol à mélanger, mélanger l'aubergine, le poivron rouge, le poivron vert, la tomate, l'oignon, l'ail, les olives, les câpres, le basilic, la marjolaine, le sel et le poivre.

2. Vaporiser l'intérieur d'un ramequin de 8 oz avec l'huile de cuisson et verser à la cuillère le mélange d'aubergine dans le ramequin.

3. Garnir avec le fromage et la chapelure.

4. Déposer le ramequin dans le panier de cuisson et glisser le panier dans la friteuse Airfryer. Cuire 20 minutes, ou jusqu'à ce que le fromage soit doré et qu'il se forme des bulles.

Recette adaptée du site mealeasy.com.

CONSEILS

Si vous avez *l'accessoire antiadhésif pour cuisson au four Airfryer de Philips* vous pouvez doubler la recette et préparer un repas pour deux. Cuire 30 minutes, ou jusqu'à ce que le fromage soit doré et qu'il se forme des bulles.

PREP TIME: 5 minutes
COOK TIME: 12 minutes
SERVES: 2

EN

PRÉPARATION : 5 minutes
CUISSON : 12 minutes
PORTIONS : 2

FR

Air-Fried Tofu

Ingredients

8 ounces extra-firm tofu

$1/4$ cup all-purpose flour

$1/8$ teaspoon salt

$1/8$ teaspoon ground black pepper

1 large egg

2 tablespoons water

$1/3$ cup plain bread crumbs

Preparation

1. Preheat Airfryer to 390°F.

2. Cut tofu into $1/2$-inch-thick slices.

3. In a mixing bowl, place the flour, salt and pepper. In a separate mixing bowl, place the egg with water and mix to combine.

4. Place bread crumbs on a plate; spread evenly for breading.

5. Place the tofu into the flour, then the egg mixture, and then the bread crumbs. Mix to coat tofu evenly.

6. Place the tofu into the cooking basket and slide into the Airfryer. Cook for 12 minutes, or until tofu is lightly browned. Serve with your favorite Asian sauce.

Tofu frit

Ingrédients

225 g (8 oz) de tofu extra ferme

60 ml ($1/4$ tasse) de farine tout usage

0,5 ml ($1/8$ c. à thé) de sel

0,5 ml ($1/8$ c. à thé) à thé de poivre noir moulu

1 gros œuf

30 ml (2 c. à soupe) d'eau

80 ml ($1/3$ tasse) de chapelure nature

Préparation

1. Préchauffer la friteuse Airfryer à 390 °F.

2. Couper le tofu en tranches de $1/2$ po.

3. Dans un bol à mélanger, placer la farine, le sel et le poivre. Dans un autre bol à mélanger, mélanger l'œuf et l'eau.

4. Placer la chapelure dans une assiette et l'étendre uniformément.

5. Déposer les tranches de tofu dans la farine, puis dans le mélange d'œuf, puis dans la chapelure. Bien enrober le tofu de chapelure.

6. Déposer les tranches de tofu dans le panier de cuisson et glisser le panier dans la friteuse Airfryer. Cuire 12 minutes, ou jusqu'à ce que le tofu soit légèrement doré. Servir avec votre sauce asiatique préférée.

PREP TIME: 15 minutes
COOK TIME: 10 minutes
SERVES: 1–2

EN

Chopped Steak with Fried Egg

Ingredients

$^1/_2$ pound ground beef

2 $^1/_2$ tablespoons finely chopped onion

Salt and pepper to taste

1 large egg

Preparation

1. Preheat Airfryer to 360°F.

2. In a medium-sized bowl, mix together the ground beef, onion and a dash of salt and pepper. Mix well for 1 minute. Form the beef into a patty.

3. Place the beef patty on the **Philips Airfryer Grill Pan** and slide into the Airfryer. Cook for 8 minutes.

4. Carefully remove the grill pan from the Airfryer and place the patty on a serving plate. Break the egg into a buttered ramekin. Place the ramekin into the cooking basket, and slide into the Airfryer. Cook for 2 minutes.

5. Place the egg on the patty and serve.

PRÉPARATION : 15 minutes
CUISSON : 10 minutes
PORTIONS : de 1 à 2

FR

Galette de bœuf haché et œuf frit

Ingrédients

225 g ($^1/_2$ lb) de bœuf haché

38 ml (2 $^1/_2$ c. à soupe) d'oignon finement haché

Sel et poivre, au goût

1 gros œuf

Préparation

1. Préchauffer la friteuse Airfryer à 360 °F.

2. Dans un bol de taille moyenne, mélanger le bœuf haché, l'oignon et une pincée de sel et de poivre. Bien mélanger durant 1 minute. Former une galette avec le bœuf haché.

3. Placer la galette de bœuf haché dans la **poêle Airfryer de Philips** et la glisser dans la friteuse Airfryer. Cuire 8 minutes.

4. Retirer délicatement la poêle de la friteuse Airfryer et placer la galette sur un plat de service. Casser l'œuf dans un ramequin beurré. Placer le ramequin dans le panier de cuisson et glisser le panier dans la friteuse Airfryer. Cuire 2 minutes.

5. Déposer l'œuf sur la galette et servir.

PREP TIME: 10 minutes
COOK TIME: 12 minutes
SERVES: 2

 PRÉPARATION : 10 minutes
CUISSON : 12 minutes
PORTIONS : 2

Portobello Tortilla Melts

Ingredients

1 tablespoon plus 1 teaspoon olive oil

$1/2$ teaspoon balsamic vinegar

1 portobello mushroom, stemmed and sliced

$1/4$ red onion, sliced

$1/8$ teaspoon salt

$1/8$ teaspoon ground black pepper

2 (6-inch) medium-sized flour tortillas

$1\,1/2$ tablespoons low-fat cream cheese

$1\,1/2$ tablespoons basil pesto sauce

$1/2$ tomato, sliced

4 slices low-fat mozzarella cheese

Preparation

1. Preheat Airfryer to 390°F. In a mixing bowl, whisk together 1 teaspoon of olive oil and balsamic vinegar. Add the mushroom and onion slices, salt and pepper, and toss to coat.

2. Place the mushrooms and onions into the cooking basket and slide into the Airfryer. Cook for 5 minutes. Remove the mushrooms and onions from the cooking basket and set aside.

3. Reduce Airfryer temperature to 330°F.

4. On a cutting board, brush 1 side of each tortilla with $1\,1/2$ teaspoons of olive oil; turn over and spread the cream cheese evenly on the other side.

5. Top 1 tortilla, cream cheese side up, with the mushrooms and onions. Place the second tortilla, cream cheese side down, on top of the mushrooms.

6. Spread the pesto onto the top tortilla, then brush with the remaining olive oil and top with the tomato and cheese slices.

7. Place the tortilla into the cooking basket and slide into the Airfryer. Cook for 7 minutes until the cheese melts. Remove the tortilla from the cooking basket and allow to cool. Slice into quarters and serve mushrooms.

Adapted from mealeasy.com.

Tortilla au Portobello et fromage fondu

Ingrédients

15 ml (1 c. à soupe) plus 5 ml (1c. à thé) d'huile d'olive

2,5 ml ($1/2$ c. à thé) de vinaigre balsamique

1 champignon portobello, équeuté et tranché

$1/4$ oignon rouge, tranché

0,5 ml ($1/8$ c. à thé) de sel

0,5 ml ($1/8$ c. à thé) à thé de poivre noir moulu

2 tortillas à la farine de taille moyenne (15 cm ou 6 po)

22 ml ($1\,1/2$ c. à soupe) de fromage à la crème faible en gras

22 ml ($1\,1/2$ c. à soupe) de sauce au pesto au basilic

$1/2$ tomate, tranchée

4 tranches de fromage mozzarella faible en gras

Préparation

1. Préchauffer la friteuse Airfryer à 390 °F. Dans un bol, fouetter une c. à thé d'huile d'olive et le vinaigre balsamique. Ajouter les tranches de champignon et d'oignon, le sel et le poivre et bien enrober.

2. Placer les champignons et les oignons dans le panier de cuisson et glisser le panier dans la friteuse Airfryer. Cuire 5 minutes. Retirer les champignons et les oignons du panier de cuisson et réserver.

3. Réduire la température de la friteuse Airfryer à 330 °F.

4. Sur une planche à découper, badigeonner un côté de chaque tortilla avec 7 ml ($1\,1/2$ c. à thé) d'huile d'olive, la retourner puis étendre le fromage à la crème uniformément sur l'autre côté.

5. Garnir une tortilla, le fromage à la crème vers le haut, avec les champignons et les oignons. Placer la seconde tortilla, le fromage à la crème vers le bas, sur le dessus de champignons.

6. Étendre le pesto sur le dessus de la tortilla, puis badigeonner avec le restant d'huile d'olive et garnir avec les tranches de tomate et de fromage.

7. Placer la tortilla dans le panier de cuisson et glisser le panier dans la friteuse Airfryer. Cuire 7 minutes, jusqu'à ce que le fromage ait fondu.Retirer la tortilla du panier de cuisson et laisser refroidir. Trancher en quatre et servir..

Adapted from mealeasy.com.

Italian Meatballs/Boulettes de viande á l italienne, p. 126

PREP TIME: 40 minutes
COOK TIME: 12–16 minutes
SERVES: 4

EN

 PRÉPARATION : 40 minutes
CUISSON : de 12 à 16 minutes
PORTIONS : 4

FR

Italian Meatballs

Ingredients

1 ciabatta roll, cut into small cubes

1 cup low-fat milk

1 pound ground beef

¹/₂ cup freshly grated Parmesan cheese

¹/₂ cup minced white onion

4 teaspoons minced garlic

2 teaspoons white wine

1 large egg

2 large egg yolks

¹/₃ cup finely chopped fresh parsley

1¹/₂ teaspoons freshly grated lemon zest

2 teaspoons salt

1 teaspoon ground black pepper

1 tablespoon extra-virgin olive oil

2 sprigs fresh rosemary

Preparation

1. Place the bread in a medium-sized bowl and add enough of the milk to cover it. Set aside to soak for about 30 minutes, until completely soggy.

2. In a large bowl, combine the beef, cheese, onions, garlic, wine, egg, egg yolks, parsley, lemon zest, salt and pepper. Mix well with hands or a wooden spoon and set aside.

3. After 30 minutes, squeeze the bread to release most of the milk. Add the bread to the bowl with the beef mixture and mix well, using your hands.

4. Preheat Airfryer to 390°F. Take approximately 2-3 ounces of meat and form into 8-12 meatballs, then press the top of the ball to slightly flatten. Brush top of meatballs with olive oil.

5. Add 1 sprig of rosemary to the bottom of the cooking basket, then add 6 meatballs. Insert the **Philips Airfryer Double-Layer Rack**, place the second rosemary sprig on the rack, and add the remaining 4–6 meatballs. Slide the cooking basket into the Airfryer. Cook for 12–16 minutes, until cooked through.

Boulettes de viande à l'italienne

Ingrédients

1 pain ciabatta, coupé en petits cubes

250 ml (1 tasse) de lait faible en gras

450 g (1 lb) de bœuf haché

125 ml (¹/₂ tasse) de parmesan fraîchement râpé

125 ml (¹/₂ tasse) d'oignon blanc émincé

20 ml (4 c. à thé) d'ail émincé

10 ml (2 c. à thé) de vin blanc

1 gros œuf

Les jaunes de 2 gros œufs

80 ml (¹/₃ tasse) de persil haché finement

7 ml (1¹/₂ c. à thé) de zeste de citron fraîchement râpé

10 ml (2 c. à thé) de sel

5 ml (1 c. à thé) de poivre noir moulu

15 ml (1 c. à soupe) d'huile d'olive extra-vierge

2 branches de romarin frais

Préparation

1. Mettre le pain dans un bol moyen et ajouter assez de lait pour le couvrir. Laisser tremper environ 30 minutes, jusqu'à ce qu'il soit complètement imbibé.

2. Dans un grand bol, combiner le bœuf, le fromage, les oignons, l'ail, le vin, l'œuf, les jaunes d'œufs, le persil, le zeste de citron, le sel et le poivre. Bien mélanger avec les mains ou une cuillère en bois; réserver.

3. Au bout de 30 minutes, tordre le pain pour en faire sortir presque tout le lait. Ajouter le pain dans le bol contenant le mélange au bœuf et bien combiner avec les mains.

4. Préchauffer la friteuse Airfryer à 390 °F. Façonner de 8 à 12 boulettes de 2 à 3 onces environ, puis appuyer sur le dessus pour les aplatir légèrement. Badigeonner le dessus des boulettes d'huile d'olive.

5. Placer un brin de romarin au fond du panier de cuisson, puis ajouter la moitié des boulettes de viande. Insérer la **grille à deux étages de la friteuse Airfryer de Philips**, mettre le second brin de romarin sur la grille, puis ajouter le reste des boulettes. Glisser le panier de cuisson dans la friteuse Airfryer. Cuire de 12 à 16 minutes, jusqu'à ce que le tout soit bien cuit.

PREP TIME: 1 hour 15 minutes
COOK TIME: 20 minutes
SERVES: 2–4

PRÉPARATION : 1 heure 15 minutes
CUISSON : 20 minutes
PORTIONS : de 2 à 4

Spicy Thai Chicken Wings

Ailes de poulet épicées à la thaïlandaise

Ingredients

1 pound chicken wings, cut apart at the joint, wing tips discarded

2 tablespoons fish sauce

2 tablespoons palm sugar (available at Asian grocery stores or online)

1 tablespoon shallot oil

1 tablespoon shrimp paste

3 red chilies, chopped

2 cloves garlic, chopped

1 teaspoon turmeric

6 shallots, minced

4 teaspoons chopped fresh ginger

2 tablespoons rice flour

Ingrédients

450 g (1 lb) d'ailes de poulet, coupées à la jointure, et le petit bout d'aile jetée

30 ml (2 c. à soupe) de sauce au poisson

30 ml (2 c. à soupe) de sucre de palme (offert dans les épiceries asiatiques ou en ligne)

15 ml (1 c. à soupe) d'huile à l'échalote

15 ml (1 c. à soupe) de pâte de crevettes

3 piments chili, hachés

2 gousses d'ail, hachées

5 ml (1 c. à thé) de curcuma

6 échalotes, émincées

20 ml (4 c. à thé) de gingembre frais haché

30 ml (2 c. à soupe) de farine de riz

Preparation

1. In a large bowl, combine all of the ingredients except the rice flour and marinate the wings for 1 hour in the refrigerator. After 1 hour, add the rice flour to the mixture and coat the wings.

2. Preheat Airfryer to 390°F.

3. Discard excess marinade from the chicken wings. Place the chicken wings into the cooking basket and slide into the Airfryer. Cook for 20 minutes, turning every few minutes, until evenly browned.

Adapted from mealeasy.com.

Préparation

1. Dans un grand bol, mélanger tous les ingrédients à l'exception de la farine de riz, et laisser mariner les ailes une heure au réfrigérateur. Après une heure, ajouter la farine de riz au mélange et bien enrober les ailes du mélange.

2. Préchauffer la friteuse Airfryer à 390 °F.

3. Égoutter les ailes de poulet et jeter l'excédent de marinade. Placer les ailes de poulet dans le panier de cuisson et glisser le panier dans la friteuse Airfryer. Cuire 20 minutes, en retournant les ailes fréquemment, jusqu'à ce qu'elles soient uniformément dorées.

Recette adaptée du site mealeasy.com.

PREP TIME: 2 hours 15 minutes EN
COOK TIME: 20–30 minutes
SERVES: 6–8

 PRÉPARATION : 2 heures 15 minutes FR
CUISSON : de 20 à 30 minutes
PORTIONS : de 6 à 8

Jerk Chicken Wings

Ingredients

4 pounds chicken wings

Marinade:

2 tablespoons olive oil

2 tablespoons soy sauce

6 cloves garlic, finely chopped

1 habanero pepper, seeds and ribs removed, finely chopped

1 tablespoon allspice

1 teaspoon cinnamon

1 teaspoon cayenne pepper

1 teaspoon white pepper

1 teaspoon salt

2 tablespoons brown sugar

1 tablespoon finely chopped fresh thyme

4 scallions, finely chopped

5 tablespoons lime juice

½ cup red wine vinegar

Preparation

1. In a large mixing bowl, combine all of the marinade ingredients. Add the chicken wings, covering thoroughly with the marinade. Cover with plastic wrap and refrigerate for 2 hours or up to 24 hours.

2. Preheat Airfryer to 390°F.

3. Remove the wings from the refrigerator and carefully pour into a colander set over a sink and drain. Discard marinade. Place the drained wings onto a cutting board. Pat wings completely dry. Place half of the wings into the cooking basket and slide into the Airfryer. Cook each batch for 10–15 minutes, until cooked through. To ensure even browning, shake once or twice during cooking.

TIP

Serve with ranch dressing or blue cheese dressing.

Ailes de poulet à la marinade « jerk »

Ingrédients

1,8 kg (4 lb) d'ailes de poulet

Ingrédients de la marinade :

30 ml (2 c. à soupe) d'huile d'olive

30 ml (2 c. à soupe) de sauce soya

6 gousses d'ail, hachées finement

1 piment habanero, sans graines ni membranes, haché finement

15 ml (1 c. à soupe) de piment de la Jamaïque

5 ml (1 c. à thé) de cannelle

5 ml (1 c. à thé) de poivre de Cayenne

5 ml (1 c. à thé) de poivre blanc

5 ml (1 c. à thé) de sel

30 ml (2 c. à soupe) de cassonade

15 ml (1 c. à soupe) de thym frais haché finement

4 oignons verts, hachés finement

75 ml (5 c. à soupe) de jus de lime

125 ml (½ tasse) de vinaigre de vin rouge

Préparation

1. Dans un grand bol, mélanger tous les ingrédients de la marinade. Ajouter les ailes de poulet en les recouvrant entièrement de marinade. Couvrir d'une pellicule de plastique et laisser mariner au réfrigérateur de 2 à 24 heures.

2. Préchauffer la friteuse Airfryer à 390 °F.

3. Retirer les ailes du réfrigérateur et les déposer délicatement dans une passoire au-dessus de l'évier pour les égoutter. Jeter la marinade. Placer les ailes de poulet égouttées sur une planche à découper. Sécher complètement les ailes en les essuyant. Déposer la moitié des ailes de poulet dans le panier de cuisson et glisser le panier dans la friteuse Airfryer. Cuire chaque lot d'ailes de 10 à 15 minutes, jusqu'à ce qu'elles soient cuites. Pour assurer un brunissement uniforme des ailes, les secouer une ou deux fois durant la cuisson.

CONSEILS

Servir les ailes avec une vinaigrette Ranch ou une vinaigrette au fromage bleu.

PREP TIME: 15 minutes
COOK TIME: 23 minutes
SERVES: 4

 PRÉPARATION : 15 minutes
CUISSON : 23 minutes
PORTIONS : 4

Spinach Lasagna

Ingredients

2 large eggs

1 (15-ounce) container whole-milk ricotta cheese

1/4 cup grated Parmesan cheese

1 (12-ounce) bag frozen spinach, thawed, drained well

1 1/2 cups marinara sauce

6 no-boil lasagna noodles, broken in half

3/4 cup mozzarella cheese

Preparation

1. In a mixing bowl, combine the eggs, ricotta, Parmesan and spinach. Set aside.

2. For layer 1: Place 3/4 cup marinara sauce into the **Philips Airfryer Non-Stick Baking Dish** to coat the bottom.

3. For layer 2: Place 4 lasagna noodle halves on top of the sauce, then top with half of the ricotta mixture, spreading evenly.

4. For layer 3: Top with 4 lasagna noodle halves and the remaining half of the ricotta mixture.

5. For layer 4: Top with the remaining 4 lasagna noodle halves and 3/4 cup marinara sauce.

6. Preheat Airfryer to 330°F.

7. Place the baking dish into the cooking basket and slide into the Airfryer. Cook for 20 minutes.

8. Remove the baking dish, top with the mozzarella and cook for another 3 minutes.

Lasagne aux épinards

Ingrédients

2 gros œufs

1 boîte de 425 g (15 oz) de fromage ricotta au lait entier

60 ml (1/4 tasse) de parmesan râpé

1 sac de 340 g (12 oz) d'épinards surgelés, décongelés et bien égouttés

355 ml (1 1/2 tasse) de sauce marinara

6 lasagnes qui n'ont pas besoin d'être bouillies au préalable, brisées en deux

180 ml (3/4 tasse) de mozzarella

Préparation

1. Dans un bol, mélanger les œufs, la ricotta, le parmesan et les épinards. Réserver.

2. Pour la première couche : Verser 180 ml (3/4 tasse) de sauce marinara dans l'accessoire antiadhésif pour cuisson au four **Airfryer de Philips** pour recouvrir le fond.

3. Pour la deuxième couche : Déposer 4 moitiés de lasagne sur le dessus de la sauce, puis garnir avec la moitié du mélange à la ricotta, en le répartissant uniformément.

4. Pour la troisième couche : Recouvrir de 4 moitiés de lasagne et de la moitié restante du mélange à la ricotta.

5. Pour la quatrième couche : Recouvrir des 4 moitiés de lasagne restantes et de 180 ml (3/4 tasse) de sauce marinara.

6. Préchauffer la friteuse Airfryer à 330 °F.

7. Déposer le moule dans le panier de cuisson et glisser le panier dans la friteuse Airfryer. Cuire 20 minutes.

8. Retirer le moule, garnir avec le mozzarella et cuire 3 minutes de plus.

PREP TIME: 2 hours 20 minutes
COOK TIME: 12–15 minutes
SERVES: 4

 PRÉPARATION : 2 heures 20 minutes
CUISSON : de 12 à 15 minutes
PORTIONS : 4

Roast Beef & Vegetables

Ingredients

1/8 teaspoon ground black pepper

1 teaspoon Italian herb mix

2 cups red wine

2 pounds beef roast

1 large carrot, cut into 1-inch rounds

4 yellow fingerling potatoes, cut into 1-inch rounds

1 medium yellow onion, cut into eighths

4 cloves garlic, sliced

2 tablespoons vegetable oil

Salt and pepper to taste

Preparation

1. In a mixing bowl, combine the pepper, herb mix and red wine. Place the beef roast in a meat loaf pan. Pour the marinade over the beef. Refrigerate for 2 hours or overnight.

2. Preheat Airfryer to 360°F.

3. In a mixing bowl, toss the carrots, potatoes, onion and garlic with the vegetable oil. Season with salt and pepper.

4. Remove the roast from the refrigerator, discarding the marinade. Place the roast on a paper towel and pat dry.

5. Place the roast into the cooking basket. Pour the vegetables around the roast. Slide the cooking basket into the Airfryer. Cook for 12–15 minutes, or until the roast reaches your desired doneness.

6. Remove the beef from the cooking basket and slice into equal portions. Serve with the roasted vegetables.

Rôti de bœuf aux légumes

Ingrédients

0,5 ml (1/8 c. à thé) de poivre noir moulu

5 ml (1 c. à thé) de mélange de fines herbes italiennes

500 ml (2 tasses) de vin rouge

900 g (2 lb) de rôti de bœuf

1 grosse carotte, coupée en rondelles de 2,5 cm (1 po)

4 pommes de terre jaunes Fingerling, coupées en rondelles de 2,5 cm (1 po)

1 oignon jaune moyen, coupé en huit quartiers

4 gousses d'ail, tranchées

30 ml (2 c. à soupe) d'huile végétale

Sel et poivre, au goût

Préparation

1. Dans un bol, mélanger le poivre, le mélange de fines herbes et le vin rouge. Déposer le rôti de bœuf dans un plat à pain de viande. Verser la marinade sur le rôti de bœuf. Réfrigérer durant 2 heures ou toute la nuit.

2. Préchauffer la friteuse Airfryer à 360 °F.

3. Dans un bol, mélanger les carottes, les pommes de terre, l'oignon et l'ail avec l'huile d'olive. Assaisonner de sel et de poivre.

4. Sortir le rôti de bœuf du réfrigérateur et jeter la marinade. Déposer le rôti sur un essuie-tout et le tapoter avec l'essuie-tout pour le sécher.

5. Placer le rôti dans le panier de cuisson. Déposer les légumes autour du rôti. Glisser le panier de cuisson dans la friteuse Airfryer. Cuire de 12 à 15 minutes ou jusqu'à ce que le rôti atteigne la cuisson désirée.

6. Retirer le rôti de bœuf du panier de cuisson et le trancher en portions égales. Servir avec les légumes grillés.

PREP TIME: 35 minutes
COOK TIME: 22 minutes
SERVES: 2

EN

 PRÉPARATION : 35 minutes
CUISSON : 22 minutes
PORTIONS : 2

FR

Fish & Chips

Ingredients

½ pound white fish fillet

½ tablespoon lemon juice

Salt and pepper to taste

½ cup tortilla chips, ground in a food processor

1 large egg

1 large russet potato

1 tablespoon olive oil, divided

Preparation

1. Preheat Airfryer to 360°F. On a cutting board, cut the fish into four equal pieces and rub with lemon juice, salt and pepper. Let the fish rest for 5 minutes.

2. On a flat plate, add the ground tortilla chips. In a separate mixing bowl, beat the egg. Dip each piece of fish into the egg, then into the ground tortilla crumbs until completely covered.

3. Scrub the potatoes. On a cutting board, slice them lengthwise into thin strips. Soak them in water for 30 minutes. Drain the potatoes in a colander and pat the slices dry with a paper towel. Place the potatoes in a bowl and drizzle with 1½ teaspoons olive oil. Toss to coat the potatoes.

5. Place the potatoes into the cooking basket and slide into the Airfryer. Cook for 15 minutes. Remove the potatoes from the cooking basket and place on a serving plate. Sprinkle with salt. Drizzle fish fingers with remaining oil. Place them into the cooking basket and slide into the Airfryer. Cook for 7 minutes. Serve fish and chips together.

TIP

You can also substitute your favorite frozen french fries and cook according to the time and temperature chart at the front of this book.

Poisson-frites

Ingrédients

225 g (½ lb) de filets de poisson blanc

8 ml (½ c. à soupe) de jus de citron

Sel et poivre, au goût

125 ml (½ tasse) de croustilles de tortilla, moulues au robot culinaire

1 gros œuf

1 grosse pomme de terre Russet

15 ml (1 c. à soupe) d'huile d'olive, divisée

Préparation

1. Préchauffer la friteuse Airfryer à 360 °F. Sur une planche à découper, découper le poisson en quatre parts égales et enrober les portions de jus de citron, de sel et de poivre. Laisser le poisson reposer 5 minutes.

2. Dans un plat plat, verser les croustilles de tortilla moulues. Dans un autre bol, battre l'œuf. Tremper chaque morceau de poisson dans l'œuf, puis dans les miettes de tortillas moulues, jusqu'à ce qu'il soit entièrement recouvert.

3. Nettoyer les pommes de terre à la brosse. Sur une planche à découper, les découper sur la longueur en tranches fines. Laisser les tranches tremper dans l'eau 30 minutes. Égoutter les pommes de terre dans une passoire et sécher les tranches en les essuyant avec un essuie-tout. Déposer les pommes de terre dans un bol et les arroser de 8 ml (1½ c. à thé) d'huile d'olive. Bien enrober d'huile les pommes de terre.

5. Déposer les pommes de terre dans le panier de cuisson et glisser le panier dans la friteuse Airfryer. Cuire 15 minutes. Retirer les pommes de terre du panier de cuisson et les déposer dans un plat de service. Saupoudrer de sel les pommes de terre. Verser l'huile restante sur les bâtonnets de poisson. Placer les bâtonnets dans le panier de cuisson et glisser le panier dans la friteuse Airfryer. Cuire 7 minutes. Servir les bâtonnets de poisson avec les frites.

CONSEILS

Vous pouvez également remplacer les pommes de terre par vos frites surgelées préférées et les cuire en suivant le tableau de durée et de température figurant au début du présent livre.

PREP TIME: 15 minutes
COOK TIME: 25 minutes
SERVES: 3–5

Meatloaf

Ingredients

1 pound ground beef

1 large egg, beaten

3 tablespoons bread crumbs

3 tablespoons plus 1 teaspoon chopped salami or chorizo sausage

1 small onion, chopped

1 tablespoon thyme

1 teaspoon salt

Pinch of pepper

2 mushrooms, brushed clean, sliced

1 tablespoon olive oil

Preparation

1. Preheat Airfryer to 390°F.

2. In a large bowl, add ground beef, egg, bread crumbs, salami, onion, thyme, salt and pepper. Mix thoroughly.

3. Place the ground meat into the *Philips Airfryer Non-Stick Baking Dish* and smooth the top. Press in the mushrooms and coat the top with olive oil.

4. Place the baking dish into the cooking basket and slide into the Airfryer. Cook for 25 minutes. Allow the meat loaf to stand for 10 minutes before slicing and serving.

 PRÉPARATION: 15 minutes
CUISSON : 25 minutes
PORTIONS : de 3 à 5

Pain de viande

Ingrédients

450 g (1 lb) de bœuf haché

1 gros œuf, battu

45 ml (3 c. à soupe) de chapelure

45 ml (3 c. à soupe) plus 5 ml (1 c. à thé) de saucisse chorizo ou de salami haché

1 petit oignon, haché

15 ml (1 c. à soupe) de thym

5 ml (1 c. à thé) de sel

1 pincée de poivre

2 champignons, nettoyés à la brosse et tranchés

15 ml (1 c. à soupe) d'huile d'olive

Préparation

1. Préchauffer la friteuse Airfryer à 390 °F.

2. Dans un grand bol, ajouter le bœuf haché, l'œuf, la chapelure, le salami, l'oignon, le thym, le sel et le poivre. Bien mélanger.

3. Placer le mélange de viande hachée dans *l'accessoire antiadhésif pour cuisson au four Airfryer de Philips* et lisser le dessus. Incorporer les champignons en les pressant et enduire le dessus d'huile d'olive.

4. Déposer le moule dans le panier de cuisson et glisser le panier dans la friteuse Airfryer. Cuire 25 minutes. Laisser reposer le pain de viande 10 minutes avant de le trancher et de le servir.

PREP TIME: 2 hours 15 minutes EN
COOK TIME: 10 minutes
SERVES: 2–4

 PRÉPARATION : 2 heures 15 minutes FR
CUISSON : 10 minutes
PORTIONS : de 2 à 4

Chimichurri Skirt Steak

Ingredients

1 pound skirt steak

Chimichurri sauce:
1 cup finely chopped parsley
$\frac{1}{4}$ cup finely chopped mint
2 tablespoons finely chopped oregano
3 garlic cloves, finely chopped
1 teaspoon crushed red pepper
1 teaspoon ground cumin
1 teaspoon cayenne pepper
2 teaspoons smoked paprika
1 teaspoon salt
$\frac{1}{4}$ teaspoon ground black pepper
$\frac{3}{4}$ cup canola oil
3 tablespoons red wine vinegar

Preparation

1. In a large mixing bowl, combine all of the chimichurri sauce ingredients. Transfer $\frac{1}{4}$ cup sauce to a 1-gallon resealable bag. Divide the steak into two 8-ounce pieces. Add the steak to the resealable bag with the sauce and refrigerate for 2 hours, or up to 24 hours. Set the remainder of the sauce aside. Remove the steak from the refrigerator 30 minutes prior to cooking.

2. Preheat Airfryer to 390°F.

3. Remove the steak pieces from the bag onto a large plate. Discard the marinade from the bag. Pat steaks completely dry. Place steak pieces into the cooking basket and slide into the Airfryer. Cook for 10 minutes (medium-rare). Serve with reserved sauce on top of each steak. You may also thinly slice the steaks.

Bavette de bœuf chimichurri

Ingrédients

450 g (1 lb) de bavette

Ingrédients de la sauce chimichurri :
250 ml (1 tasse) de persil haché finement
60 ml ($\frac{1}{4}$ tasse) de feuilles de menthe hachées finement
30 ml (2 c. à soupe) d'origan haché finement
3 gousses d'ail, hachées finement
5 ml (1 c. à thé) de piment rouge broyé
5 ml (1 c. à thé) de cumin moulu
5 ml (1 c. à thé) de poivre de Cayenne
10 ml (2 c. à thé) de paprika fumé
5 ml (1 c. à thé) de sel
1 ml ($\frac{1}{4}$ c. à thé) de poivre noir moulu
180 ml ($\frac{3}{4}$ tasse) d'huile de canola
45 ml (3 c. à soupe) de vinaigre de vin rouge

Préparation

1. Dans un grand bol, mélanger tous les ingrédients de la sauce chimichurri. Verser 60 ml ($\frac{1}{4}$ tasse) de la sauce dans un sac refermable d'un gallon. Diviser la bavette en deux portions de 225 g (8 oz). Déposer la bavette dans le sac refermable avec la sauce et réfrigérer de 2 à 24 heures. Réserver le restant de sauce. Retirer la bavette du réfrigérateur 30 minutes avant la cuisson.

2. Préchauffer la friteuse Airfryer à 390 °F.

3. Retirer du sac les portions de bavette et les déposer dans un grand plat. Jeter la marinade contenue dans le sac. Sécher complètement les portions de bavette en les essuyant. Déposer les portions de bavette dans le panier de cuisson et glisser le panier dans la friteuse Airfryer. Cuire 10 minutes (mi-saignant). Servir chaque portion de bavette nappée avec la sauce mise de côté. Vous pouvez également trancher finement les portions de bavette.

PREP TIME: 20 minutes
COOK TIME: 15–20 minutes
SERVES: 4

 PRÉPARATION : 20 minutes
CUISSON : de 15 à 20 minutes
PORTIONS : 4

Saltimbocca

Ingredients

1 ³/₄ cups beef stock

1 cup dry white wine

4 (4- or 5-ounce) veal cutlets, ¹/₄ inch thick

Salt and pepper to taste

8 fresh sage leaves

4 large slices prosciutto, thinly sliced

2 tablespoons butter, melted

Preparation

1. Preheat Airfryer to 390°F. In a large saucepan, add the beef stock and wine. Bring to a boil over medium heat and continue to cook until it has reduced to one-third of the original amount. Keep warm on low heat.

2. Season the veal cutlets with salt and pepper. Cover each cutlet with 2 sage leaves. Firmly roll the cutlets and wrap a slice of prosciutto around each cutlet.

3. Lightly brush each of the veal rolls with butter prior to placing in the cooking basket.

4. Place the veal rolls into the cooking basket and slide into the Airfryer. Cook for 10 minutes until nicely browned.

5. Lower the Airfryer to 300°F and cook for an additional 5–10 minutes.

6. Mix the remainder of the butter into the reduced stock/wine and season the butter sauce with salt and pepper.

7. Thinly slice the veal rolls into pinwheels and serve with the sauce.

Saltimbocca

Ingrédients

375 ml (1 ³/₄ tasse) de bouillon de bœuf

250 ml (1 tasse) de vin blanc sec

4 escalopes de veau de 115 à 140 g (4 à 5 oz), de 6 mm (¹/₄ po) d'épaisseur

Sel et poivre, au goût

8 feuilles de sauge fraîches

4 grandes tranches de prosciutto, tranchées finement

30 ml (2 c. à soupe) de beurre, fondu

Préparation

1. Préchauffer la friteuse Airfryer à 390 °F. Dans une grande casserole, ajouter le bouillon de bœuf et le vin. Amener à ébullition à feu moyen et continuer la cuisson jusqu'à ce que le liquide ait réduit du tiers de son volume original. Garder chaud à feu doux.

2. Assaisonner les escalopes de veau de sel et de poivre. Recouvrir chaque escalope de 2 feuilles de sauge. Enrouler fermement les escalopes et enrouler une tranche de prosciutto autour de chaque escalope.

3. Badigeonner légèrement de beurre chaque escalope de veau avant de la placer dans le panier de cuisson.

4. Déposer les escalopes de veau dans le panier de cuisson et glisser le panier dans la friteuse Airfryer. Cuire 10 minutes, ou jusqu'à ce que les escalopes soient dorées.

5. Abaisser la température de cuisson de la friteuse Airfryer à 300 °F et cuire de 5 à 10 minutes de plus.

6. Mélanger le restant de beurre au mélange de bouillon et de vin réduit et assaisonner cette sauce au beurre de sel et de poivre.

7. Trancher finement les escalopes de veau en paupiettes et servir avec la sauce.

PREP TIME: 20 minutes
COOK TIME: 21 minutes
SERVES: 3–5

EN

PRÉPARATION : 20 minutes
CUISSON : 21 minutes
PORTIONS : de 3 à 5

FR

Thai Fish Cakes with Mango Salsa

Ingredients

1 1/2 pounds white fish fillets

1 large egg

1 teaspoon salt

Zest and juice of 1 lime, divided

2 teaspoons red chili paste, divided

4 tablespoons flat-leaf parsley, divided

1 scallion, chopped

1/2 cup coconut flakes, divided

1 large ripe mango, peeled and chopped

Preparation

1. Puree the fish in the food processor. In a mixing bowl, combine the fish with the egg, salt, half the lime zest and juice, and 1 1/2 teaspoons of the red chili paste, and mix well. Add 3 tablespoons parsley, scallion and 2 tablespoons coconut and mix well.

2. On a cutting board, divide the fish mixture into 18 portions, shape them into patties and flatten them a little. Coat evenly with the remaining coconut.

3. Preheat Airfryer to 360°F.

4. Place 6 fish cakes into the cooking basket and slide into the Airfryer. Cook for 7 minutes. Repeat the process until all of the fish cakes are cooked.

5. Combine the chopped mango with the remaining chili paste, parsley, and lime juice and zest to make a salsa. Serve with the fish cakes.

Galettes de poisson à la thaïlandaise avec salsa à la mangue

Ingrédients

680 g (1 1/2 lb) de filets de poisson blanc

1 gros œuf

5 ml (1 c. à thé) de sel

le zeste et le jus d'une lime, divisé

10 ml (2 c. à thé) de pâte de piments rouges, divisée

60 ml (4 c. à soupe) de persil italien, divisé

1 oignon vert, haché

125 ml (1/2 tasse) de flocons de noix de coco, divisés

1 grosse mangue mûre, épluchée et hachée

Préparation

1. Réduire le poisson en purée au robot culinaire. Dans un bol, ajouter le poisson, l'œuf, le sel, la moitié du zeste et du jus de lime et 8 ml (1 1/2 c. à thé) de pâte de piments rouges et bien mélanger. Ajouter 45 ml (3 c. à soupe) de persil, l'oignon vert et 30 ml (2 c. à soupe) de flocons de noix de coco et bien mélanger.

2. Sur une planche à découper, diviser le mélange au poisson en 18 portions. Former une galette avec chaque portion et l'aplatir légèrement. Enrober uniformément les galettes avec le restant de flocons de noix de coco.

3. Préchauffer la friteuse Airfryer à 360 °F.

4. Déposer 6 galettes de poisson dans le panier de cuisson et glisser le panier dans la friteuse Airfryer. Cuire 7 minutes. Répéter la procédure jusqu'à ce que toutes les galettes de poisson aient été cuites.

5. Mélanger la mangue hachée avec les restants de pâte de piments rouges, de persil et de jus et de zeste de lime afin de préparer une salsa. Servir avec les galettes de poisson.

 **PREP TIME:** 38 minutes
COOK TIME: 7 minutes
SERVES: 3–5

White Curry Vegetable Skewers

Ingredients

$^1/_3$ cup cashews

$^1/_4$ teaspoon cardamom powder

Salt and pepper

$^1/_4$ teaspoon anise seed

$^3/_4$ cup coconut milk

4 teaspoons raisins

$^1/_2$ cup plain Greek yogurt

8 slices tofu

1 carrot, peeled and cut into 2-inch rounds

1 red bell pepper, cut into chunks for skewering

1 green pepper, cut into chunks for skewering

8 trumpet mushrooms

4 ears baby corn

Olive oil cooking spray

Preparation

1. Stir-fry the cashews in a sauté pan until lightly toasted. Add the cardamom powder, salt and pepper to taste, and anise seed. Add the coconut milk and raisins and bring to a boil. Add the yogurt and continue to stir until the sauce thickens. Turn off the heat and set aside.

2. Wrap the tofu around the carrot rounds. Prepare four metal skewers. Skewer the vegetables on the skewers, alternating different-colored peppers, mushrooms, tofu-wrapped carrots, and ears of corn.

3. Preheat Airfryer to 360°F.

4. Spray the olive oil on the skewered vegetables. Place into the cooking basket and slide into the Airfryer. Cook for 7 minutes.

5. While cooking, bring the white curry sauce to a simmer again. Add salt and pepper to taste. Spray a little more olive oil on the vegetable skewers once cooked and serve with curry sauce on the side.

 PRÉPARATION : 38 minutes
CUISSON : 7 minutes
PORTIONS : de 3 à 5

Brochettes de légumes au cari blanc

Ingrédients

80 ml ($^1/_3$ tasse) de noix de cajou

1 ml ($^1/_4$ c. à thé) de cardamome en poudre

Sel et poivre

1 ml ($^1/_4$ c. à thé) de graines d'anis

180 ml ($^3/_4$ tasse) de lait de coco

20 ml (4 c. à thé) de raisins secs

125 ml ($^1/_2$ tasse) de yogourt grec nature

8 tranches de tofu

1 carotte, pelée et coupée en morceaux de 5 cm (2 po)

1 poivron rouge, coupé en morceaux pour les brochettes

1 poivron vert, coupé en morceaux pour les brochettes

8 pleurotes

4 épis de maïs miniatures

Huile d'olive à vaporiser pour la cuisson

Préparation

1. Faire sauter à feu vif en remuant les noix de cajou dans une poêle jusqu'à ce qu'elles soient légèrement grillées. Ajouter la cardamome en poudre, le sel et le poivre (au goût) et les graines d'anis. Ajouter le lait de coco et les raisins et amener à ébullition. Ajouter le yogourt et continuer à remuer jusqu'à ce que la sauce épaississe. Fermer le feu et réserver.

2. Envelopper les morceaux de carottes avec le tofu. Préparer quatre brochettes en métal. Enfiler les légumes dans les brochettes, en alternant les poivrons de différentes couleurs, les champignons, les carottes enveloppées de tofu et les épis de maïs.

3. Préchauffer la friteuse Airfryer à 360 °F.

4. Vaporiser d'huile d'olive les légumes sur les brochettes. Déposer les brochettes dans le panier de cuisson et glisser le panier dans la friteuse Airfryer. Cuire 7 minutes.

5. Pendant que les brochettes cuisent, amener à nouveau la sauce au cari blanc à faible ébullition. Assaisonner de sel et de poivre, au goût. Lorsque les brochettes de légumes sont cuites, les vaporiser avec un peu d'huile d'olive et les servir avec la sauce au cari à côté.

PREP TIME: 8 hours 15 minutes
COOK TIME: 20 minutes
SERVES: 4–5

BBQ Pork Char Siu

Ingredients

Marinade:

2 tablespoons corn syrup

1 teaspoon baking soda

3 tablespoons sugar

4 tablespoons hoisin sauce

3 tablespoons soy sauce

2 tablespoons Chinese rice wine

1 teaspoon Chinese five-spice powder

4 teaspoons sesame oil

1¼ pounds pork butt, cut into 2-inch strips

4 cloves garlic, finely chopped

I tablespoon canola oil

Preparation

1. In a small saucepan, add all of the marinade ingredients. Whisk the sauce on medium-low heat until sugars have dissolved. Let cool completely. Reserve half of the marinade for cooking.

2. In a gallon-sized resealable bag, marinate the pork with the other half of the cooled marinade, in addition to the garlic, for at least 8 hours in the refrigerator.

3. Preheat Airfryer to 390°F.

4. Drain the pork from the bag and discard the marinade. Pat dry and brush lightly with cooking oil.

5. Place the pork into the cooking basket and slide into the Airfryer. Cook for 10 minutes, until golden reddish-brown. During cooking, brush the reserved, unused marinade onto the pork.

6. After 10 minutes, lower the temperature to 330°F. Roast the pork until perfectly charred.

 PRÉPARATION : 8 heures 15 minutes
CUISSON : 20 minutes
PORTIONS : de 4 à 5

Barbecue au porc Char Siu

Ingrédients

Marinade:

30 ml (2 c. à soupe) de sirop de maïs

5 ml (1 c. à thé) de bicarbonate de soude

45 ml (3 c. à soupe) de sucre

60 ml (4 c. à soupe) de sauce hoisin

45 ml (3 c. à soupe) de sauce soya

30 ml (2 c. à soupe) de vin de riz chinois

5 ml (1 c. à thé) de poudre cinq épices chinoise

20 ml (4 c. à thé) d'huile de sésame

560 g (1¼ lb) de palette de porc, coupée en lanières de 5 cm (2 po)

4 gousses d'ail, hachées finement

15 ml (1 c. à soupe) d'huile de canola

Préparation

1. Dans une petite casserole, ajouter tous les ingrédients de la marinade. Battre la sauce à feu moyen-doux jusqu'à ce que le sucre soit dissous. Laisser refroidir complètement. Réserver la moitié de la marinade pour la cuisson.

2. Dans un sac refermable d'un gallon, mariner au réfrigérateur le porc avec la moitié de la marinade refroidie et l'ail durant au moins 8 heures.

3. Préchauffer la friteuse Airfryer à 390 °F.

4. Retirer le porc du sac, l'égoutter et jeter la marinade. Sécher le porc en l'essuyant et le badigeonner légèrement d'huile de cuisson.

5. Déposer le porc dans le panier de cuisson et glisser le panier dans la friteuse Airfryer. Cuire 10 minutes, ou jusqu'à ce que le porc soit brun rougeâtre et doré. Durant la cuisson, badigeonner le porc avec la marinade mise de côté.

6. Après 10 minutes de cuisson, baisser la température à 330 °F. Rôtir le porc jusqu'à ce qu'il soit grillé à point.

PREP TIME: 35 minutes
COOK TIME: 12 minutes
SERVES: 3–5

Pork Satay with Peanut Sauce

Ingredients

2 cloves garlic, minced, divided

2 tablespoons fresh ginger root, peeled and chopped

2 teaspoons hot pepper sauce, divided

1 tablespoon soy sauce

2 tablespoons vegetable oil, divided

1 pound lean, boneless pork chops, cut into bite-size pieces

1 shallot, chopped

1 teaspoon ground coriander

$1/2$ cup coconut milk

$1/4$ pound unsalted peanuts, ground

Preparation

1. In a bowl, mix half the garlic with the ginger, 1 teaspoon hot pepper sauce, soy sauce and 1 tablespoon oil. Add the pork chops to the sauce, coating evenly, and let marinate for 15 minutes.

2. Preheat Airfryer to 390°F.

3. Discard marinade and pat pork chops to dry. Place the marinated meat into the cooking basket and slide into the Airfryer. Cook for 12 minutes, turning once after 6 minutes.

4. While the meat is cooking, heat 1 tablespoon oil in a saucepan on medium-low heat and gently sauté the shallot with the remainder of the garlic. Add the coriander and sauté for an additional minute. Add the coconut milk, peanuts and 1 teaspoon hot pepper sauce. Simmer for 5 additional minutes on medium heat, stirring constantly. If necessary, add a little water if the sauce gets too thick.

5. Top the pork chops with the peanut sauce.

PRÉPARATION : 35 minutes
CUISSON : 12 minutes
PORTIONS : de 3 à 5

Porc satay, sauce aux arachides

Ingrédients

2 gousses d'ail, émincées, divisées

30 ml (2 c. à soupe) de racine de gingembre fraîche, épluchée et hachée

10 ml (2 c. à thé) de sauce aux piments forts, divisée

15 ml (1 c. à soupe) de sauce soya, divisée

30 ml (2 c. à soupe) d'huile végétale, divisée

450 g (1 lb) de côtelettes de porc maigres, désossées, coupées en morceaux de la taille d'une bouchée

1 échalote, hachée

5 ml (1 c. à thé) de coriandre moulue

125 ml ($1/2$ tasse) de lait de coco

115 g ($1/4$ lb) d'arachides non salées, broyées

Préparation

1. Dans un bol, mélanger la moitié de l'ail, le gingembre, 5 ml (1 c. à thé) de sauce aux piments forts, 15 ml (1 c. à soupe) de sauce soya et 15 ml (1 c. à soupe) d'huile. Ajouter les côtelettes de porc à la sauce, en les enrobant uniformément, et laisser mariner le tout 15 minutes.

2. Préchauffer la friteuse Airfryer à 390 °F.

3. Jeter la marinade et sécher les côtelettes de porc en les tapotant avec un essuie-tout. Déposer la viande marinée dans le panier de cuisson et glisser le panier dans la friteuse Airfryer. Cuire 12 minutes, en retournant les côtelettes après 6 minutes.

4. Pendant que la viande cuit, faire chauffer 15 ml (1 c. à soupe) d'huile dans une poêle à feu moyen-doux et faire revenir doucement l'échalote avec le restant d'ail. Ajouter la coriandre et faire revenir 1 minute de plus. Ajouter le lait de coco, les arachides et 5 ml (1 c. à thé) de sauce aux piments forts. Laisser mijoter 5 minutes à feu moyen, en remuant constamment. Au besoin, ajouter un peu d'eau si la sauce devient trop épaisse.

5. Napper de sauce aux arachides les côtelettes de porc.

PREP TIME: 20 minutes
COOK TIME: 12–14 minutes
SERVES: 4

 PRÉPARATION : 20 minutes
CUISSON : de 12 à 14 minutes
PORTIONS : 4

Roasted Tomatoes with Feta

Ingredients

3 tablespoons pine nuts

6 tablespoons olive oil, divided

Pinch of salt

3 tablespoons plus 1 teaspoon chopped fresh parsley

3 tablespoons plus 1 teaspoon chopped fresh basil

1/3 cup grated Parmesan cheese

1 clove garlic, chopped

1 heirloom tomato

1 block (1/2 pound) feta cheese

1 red onion, thinly sliced

Preparation

1. Preheat Airfryer to 390°F. In a small bowl, combine the pine nuts, 1 tablespoon olive oil and a pinch of salt.

2. Place the pine nuts into the *Philips Airfryer Non-Stick Baking Dish*. Place the baking dish into the cooking basket and slide into the Airfryer. Cook for 2 minutes. Remove the pine nuts, place on a paper towel and set aside.

3. In a food processor, combine the parsley, basil, Parmesan cheese, garlic, toasted pine nuts and pinch of salt. With the food processor running, slowly drizzle in 4 tablespoons of olive oil. Once the oil is all incorporated, remove the pesto and refrigerate.

4. On a cutting board, slice the tomato into 4 approximately 1/2-inch slices. Slice the feta into 4 1/2-inch-thin slices. Take a cookie cutter and cut the feta the same size as the tomato slices.

5. In a skillet, heat 1 tablespoon olive oil on medium heat and sauté onions until translucent, about 3 minutes. Set aside.

6. Stack a slice of feta on top of a tomato slice. Spread 1 tablespoon pesto onto the feta. Place a dollop of sautéed onions on top of the feta. Repeat with remaining slices. Place tomato stacks into the cooking basket and slide into the Airfryer. Cook for 12–14 minutes. Top with salt and pesto.

Tomates grillées avec feta

Ingrédients

45 ml (3 c. à soupe) de noix de pin

90 ml (6 c. à soupe) d'huile d'olive, divisée

1 pincée de sel

45 ml (3 c. à soupe) plus 5 ml (1 c. à thé) de persil frais haché

45 ml (3 c. à soupe) plus 5 ml (1 c. à thé) de basilic frais haché

80 ml (1/3 tasse) de parmesan râpé

1 gousse d'ail, hachée

1 tomate ancienne

1 bloc (225 g ou 1/2 lb) de féta

1 oignon rouge, tranché finement

Préparation

1. Préchauffer la friteuse Airfryer à 390 °F. Dans un petit bol, mélanger les noix de pin, 15 ml (1 c. à soupe) d'huile d'olive et une pincée de sel.

2. Verser les noix de pin dans *l'accessoire antiadhésif pour cuisson au four Airfryer de Philips*. Déposer le moule dans le panier de cuisson et glisser le panier dans la friteuse Airfryer. Cuire 2 minutes. Retirer les noix de pin, les déposer sur un essuie-tout et réserver.

3. Dans un robot culinaire, mélanger le persil, le basilic, le parmesan, l'ail, les noix de pin rôties et une pincée de sel. Le robot culinaire en marche, incorporer lentement au mélange 60 ml (4 c. à soupe) d'huile d'olive. Une fois l'huile incorporée, retirer le pesto et réfrigérer.

4. Sur une planche à découper, couper la tomate en 4 tranches d'environ 1,25 cm (1/2 po). Découper le féta en 4 tranches minces de 1,25 cm (1/2 po). À l'aide d'un emporte-pièce, couper des morceaux de féta de la même taille que les tranches de tomate.

5. Dans une poêle, faire chauffer 15 ml (1 c. à soupe) d'huile d'olive à feu moyen et faire revenir les oignons jusqu'à ce qu'ils soient translucides, environ 3 minutes. Réserver.

6. Déposer une tranche de féta sur le dessus d'une tranche de tomate. Étendre 5 ml (1 c. à thé) de pesto sur le féta. Déposer une cuillerée d'oignons sautés sur le féta. Répéter la procédure avec les tranches restantes. Déposer les tranches de tomate garnies dans le panier de cuisson et glisser le panier dans la friteuse Airfryer. Cuire de 12 à 14 minutes. Garnir de sel et de pesto.

PREP TIME: 2 hours 10 minutes   EN
COOK TIME: 8–10 minutes
SERVES: 2

 PRÉPARATION : 2 heures 10 minutes   FR
CUISSON : de 8 à 10 minutes
PORTIONS : 2

Chicken Tikka

Ingredients

Marinade:

1 teaspoon garam masala powder

1 teaspoon crushed red pepper or red pepper flakes

3 ½ teaspoons hung curd or nonfat Greek plain yogurt

1 teaspoon chili powder

1 large egg

Salt to taste

4 teaspoons roasted besan (chickpea flour, toasted)

4 teaspoons apple cider vinegar

2 teaspoons garlic paste

2 tablespoons butter, softened

½ pound boneless chicken breast, cut into cubes

Preparation

1. In a bowl, mix together the first 9 ingredients. Place the chicken in the mix and coat well. Marinate chicken in the refrigerator for 2 hours.

2. Preheat Airfryer to 360°F.

3. Discard marinade. Brush the chicken with the butter. Place the chicken into the cooking basket and slide into the Airfryer. Cook for 8–10 minutes, or until golden brown and cooked through.

TIP

Serve with chutney and white rice.

Poulet tikka

Ingrédients

Marinade :

5 ml (1 c. à thé) de poudre de garam masala

5 ml (1 c. à thé) de piment rouge broyé ou de flocons de piment rouge

50 ml (3 ½ c. à soupe) de yogourt grec nature sans gras

5 ml (1 c. à thé) de poudre de chili

1 gros œuf

Sel, au goût

20 ml (4 c. à thé) de besan rôti (farine de pois chiches grillée)

20 ml (4 c. à thé) de vinaigre de cidre

10 ml (2 c. à thé) de pâte d'ail

30 ml (2 c. à soupe) de beurre, ramolli

225 g (½ lb) de poitrine de poulet désossée, coupée en cubes

Préparation

1. Dans un bol, mélanger les 9 premiers ingrédients. Déposer le poulet dans le mélange et bien l'enrober. Laisser le poulet mariner au réfrigérateur durant 2 heures.

2. Préchauffer la friteuse Airfryer à 360 °F.

3. Jeter la marinade. Badigeonner de beurre le poulet. Déposer le poulet dans le panier de cuisson et glisser le panier dans la friteuse Airfryer. Cuire de 8 à 10 minutes ou jusqu'à ce que le poulet soit brun doré et cuit.

CONSEILS

Servir avec un chutney et du riz blanc.

PREP TIME: 15 minutes
COOK TIME: 20 minutes
SERVES: 2–4

EN

 PRÉPARATION : 15 minutes
CUISSON : 20 minutes
PORTIONS : de 2 à 4

FR

Salmon Quiche

Ingredients

5 ounces salmon fillet, cut into small pieces

1/2 tablespoon lemon juice

Salt and pepper to taste

1/3 cup all-purpose flour

3 tablespoons plus 1 teaspoon butter, room temperature

1 large egg yolk

2 large eggs

3 tablespoons whipping cream

1/2 tablespoon mustard

1 scallion, chopped

Preparation

1. Preheat Airfryer to 360°F.

2. In a small bowl, mix the salmon pieces with the lemon juice, salt and pepper. Allow the salmon to rest. In another bowl, mix the flour with the butter, egg yolk and 1/2–1 tablespoon of cold water. Knead into a smooth ball.

3. On a floured surface, roll out the dough. Put the dough round into a 6-inch quiche ramekin or the **Philip Airfryer Non-Stick Baking Dish** and press firmly along the edges. Trim the dough around the edges.

4. Beat the eggs lightly with the cream, mustard, and salt and pepper to taste. Pour the mixture into the ramekin or baking dish. Lay the pieces of salmon in the pan. Distribute the chopped scallion evenly over the top of the quiche.

5. Place the ramekin or baking dish into the cooking basket and slide into the Airfryer. Cook for 20 minutes. Can be served at room temperature or cold.

Quiche au saumon

Ingrédients

Filet de saumon de 140 g (5 oz), coupé en petits morceaux

8 ml (1/2 c. à soupe) de jus de citron

Sel et poivre, au goût

80 ml (1/3 tasse) de farine tout usage

45 ml (3 c. à soupe) plus 5 ml (1 c. à thé) de beurre, à la température de la pièce

Le jaune d'un gros œuf

2 gros œufs

45 ml (3 c. à soupe) de crème à fouetter

8 ml (1/2 c. à soupe) de moutarde

1 oignon vert, haché

Préparation

1. 1Préchauffer la friteuse Airfryer à 360 °F.

2. Dans un petit bol, mélanger les morceaux de saumon, le jus de citron, le sel et le poivre. Laisser le saumon reposer. Dans un autre bol, mélanger la farine, le beurre, le jaune d'œuf et de 8 à 15 ml (1/2 à 1 c. à soupe) d'eau froide. Pétrir la pâte pour former une boule lisse.

3. Sur une surface farinée, abaisser la pâte. Déposer la pâte abaissée dans un ramequin de quiche de 15 cm (6 po) ou dans **l'accessoire antiadhesif pour cuisson au four Airfryer de Philips** et presser fermement le long des bords. Découper l'excédent de pâte le long des bords.

4. Battre légèrement les œufs avec la crème et la moutarde et assaisonner de sel et de poivre, au goût. Verser le mélange dans le ramequin ou le moule antiadhésif. Déposer les morceaux de saumon dans le plat. Répartir uniformément l'oignon vert sur le dessus de la quiche.

5. Déposer le ramequin ou le moule dans le panier de cuisson et glisser le panier dans la friteuse Airfryer. Cuire 20 minutes. La quiche peut être servie froide ou à la température de la pièce.

PREP TIME: 5 minutes
COOK TIME: 5 minutes
SERVES: 2

Cajun Shrimp

Ingredients

¹/₂ pound raw extra-large shrimp (16–20 per pound), peeled

Rub:

¹/₄ teaspoon cayenne pepper

¹/₂ teaspoon Old Bay Seasoning

¹/₄ teaspoon smoked paprika

Pinch of salt

1 tablespoon canola oil

Preparation

1. Preheat Airfryer to 390°F.

2. In a mixing bowl, combine all of the ingredients, coating the shrimp with the oil and spices. Place the shrimp into the cooking basket and slide into the Airfryer. Cook for 5 minutes.

TIP

Serve shrimp over brown or white rice.

 PRÉPARATION : 5 minutes
CUISSON : 5 minutes
PORTIONS : 2

Crevettes cajun

Ingrédients

225 g (¹/₂ lb) de très grosses crevettes crues (16 à 20 par lb), décortiquées

Mélange á frotter:

1 ml (¹/₄ c. à thé) de poivre de Cayenne

2,5 ml (¹/₂ c. à thé) d'assaisonnements Old Bay

1 ml (¹/₄ c. à thé) de paprika fumé

1 pincée de sel

15 ml (1 c. à soupe) d'huile de canola

Préparation

1. Préchauffer la friteuse Airfryer à 390 °F.

2. Dans un bol, mélanger tous les ingrédients et enrober les crevettes avec l'huile et les épices. Déposer les crevettes dans le panier de cuisson et glisser le panier dans la friteuse Airfryer. Cuire 5 minutes.

CONSEILS

Servir les crevettes sur du riz brun ou du riz blanc.

EN

PREP TIME: 10 minutes
COOK TIME: 17 minutes
SERVES: 2

FR

PRÉPARATION : 10 minutes
CUISSON : 17 minutes
PORTIONS : 2

Coconut Curry Chicken

Ingredients

8 ounces boneless chicken breast, cut into 1-inch chunks

Salt and pepper to taste

1 teaspoon canola oil

½ small onion, chopped

1 clove garlic, chopped

½ teaspoon ginger powder

2 teaspoons curry powder

½ cup frozen peas, thawed

¼ cup coconut milk

¼ cup nonfat plain Greek yogurt

¼ cup chopped fresh cilantro

Preparation

1. Preheat Airfryer to 360°F.

2. Season the chicken with salt and pepper.

3. Add the oil, onion, garlic, ginger and curry to the *Philips Airfryer Non-Stick Baking Dish*. Place the baking dish into the cooking basket and slide into the Airfryer. Cook for 4 minutes.

4. Remove the baking dish. Add the chicken and stir to combine with the sauce. Place the baking dish back into the cooking basket, slide into the Airfryer and cook for 8 minutes.

5. Remove the baking dish. Add the peas, coconut milk and yogurt, and combine with the chicken and sauce. Place the baking dish back into cooking basket and slide into the Airfryer. Cook for another 5 minutes. Season with salt and pepper.

6. Remove the baking dish and add cilantro before serving.

TIP

Serve over white or brown rice.

Poulet au cari et à la noix de coco

Ingrédients

225 g (8 oz) de poitrine de poulet désossée, coupée en morceaux de 2,5 cm (1 po)

5 ml (1 c. à thé) d'huile de canola

½ petit oignon, haché

1 gousse d'ail, hachée

2,5 ml (½ c. à thé) de poudre de gingembre

10 ml (2 c. à thé) de poudre de cari

125 ml (½ tasse) de petits pois congelés, décongelés

60 ml (¼ tasse) de lait de coco

60 ml (¼ tasse) de yogourt grec nature sans gras

Sel et poivre, au goût

60 ml (¼ tasse) de coriandre fraîche, hachée

Préparation

1. Préchauffer la friteuse Airfryer à 360 °F.

2. Assaisonner le poulet de sel et de poivre.

3. Ajouter l'huile, l'oignon, l'ail, le gingembre et le cari dans *l'accessoire antiadhesif pour cuisson au four Airfryer de Philips*. Déposer le moule dans le panier de cuisson et glisser le panier dans la friteuse Airfryer. Cuire 4 minutes.

4. Retirer le moule. Ajouter le poulet dans le moule et remuer pour l'enrober de sauce. Remettre le moule dans le panier de cuisson, glisser le panier de cuisson dans la friteuse Airfryer et cuire 8 minutes.

5. Retirer le moule. Ajouter les petits pois, le lait de coco et le yogourt et mélanger avec le poulet et la sauce. Déposer à nouveau le moule dans le panier de cuisson et glisser le panier dans la friteuse Airfryer. Cuire 5 minutes de plus. Assaisonner de sel et de poivre.

6. Retirer le panier de cuisson et ajouter la coriandre avant de servir.

CONSEILS

Servir sur du riz blanc ou du riz brun.

PREP TIME: 20 minutes
COOK TIME: 20 minutes
SERVES: 3–5

Mini Empanadas with Chorizo

Ingredients

¹/₂ pound chorizo, chopped

1 shallot, finely chopped

¹/₄ red bell pepper, chopped

2 tablespoons chopped parsley

³/₄ cup chilled pie crust dough

Preparation

1. In a skillet pan, sauté the chorizo with the shallot and bell peppers on low heat for 2–3 minutes, or until the pepper is tender. Take off the heat and stir in the parsley. Allow the mixture to cool.

2. Preheat Airfryer to 390°F.

3. On a clean surface, roll out the pie crust dough. Use a cookie cutter to cut 20 rounds from the rolled-out dough. Scoop a spoonful of the chorizo mixture onto each round. Press the edges together between the thumb and forefinger, creating a scallop pattern.

4. Place 10 empanadas into the cooking basket and slide into the Airfryer. Cook for 10 minutes, turning once after 5 minutes, until browned. When finished, repeat the process to cook all 20 empanadas.

 PRÉPARATION : 20 minutes
CUISSON : 20 minutes
PORTIONS : de 3 à 5

Mini empanadas au chorizo

Ingrédients

225 g (¹/₂ lb) de saucisse chorizo, hachée

1 échalote, hachée finement

¹/₄ poivron rouge, haché

30 ml (2 c. à soupe) de persil haché

180 ml (³/₄ tasse) de pâte à tarte réfrigérée

Préparation

1. Dans une poêle, faire revenir à feu doux la saucisse chorizo avec l'échalote et le poivron rouge, de 2 à 3 minutes, ou jusqu'à ce que le poivron soit tendre. Retirer du feu et ajouter le persil en mélangeant. Laisser le mélange refroidir.

2. Préchauffer la friteuse Airfryer à 390 °F.

3. Sur une surface propre, abaisser la pâte à tarte. Utiliser un emporte-pièce pour découper 20 ronds dans la pâte abaissée. Verser une cuillerée du mélange au chorizo sur chaque rond. Presser les bords des ronds ensemble entre le pouce et l'index, en créant une forme de coquille Saint-Jacques.

4. Déposer 10 empanadas dans le panier de cuisson et glisser le panier dans la friteuse Airfryer. Cuire 10 minutes, en les retournant après 5 minutes, jusqu'à ce qu'elles soient dorées. Une fois la cuisson terminée, répéter la procédure pour cuire les 20 empanadas.

PREP TIME: 1 hour 5 minutes
COOK TIME: 10 minutes
SERVES: 3

Teriyaki Glazed Halibut

Ingredients

1 pound halibut steak, cut into thirds

Marinade:

²/₃ cup low-sodium soy sauce

¹/₂ cup mirin (Japanese cooking wine)

¹/₄ cup sugar

2 tablespoons lime juice

¹/₄ cup orange juice

¹/₄ teaspoon crushed red pepper flakes

¹/₄ teaspoon ground ginger

1 garlic clove, smashed

Preparation

1. In a saucepan, combine all of the marinade ingredients. Bring to a boil and reduce by half. Cool and set aside.

2. Once cooled, pour half of the marinade glaze into a resealable bag with the halibut. Refrigerate for 30 minutes. Reserve the remaining marinade.

3. Preheat Airfryer to 390°F.

4. Remove the halibut from the bag and pat dry. Discard the sauce from the bag. Place the halibut into the cooking basket and slide into the Airfryer. Cook for 10 minutes, until cooked through.

5. Brush the remaining marinade glaze over the fish.

TIP

Serve fish over brown or white rice.

 PRÉPARATION : 1 heure 5 minutes
CUISSON : 10 minutes
PORTIONS : 3

Flétan glacé à la sauce teriyaki

Ingrédients

450 g (1 lb) de pavé de flétan, coupé en trois parts

Marinade :

160 ml (²/₃ tasse) de sauce soya à faible teneur en sodium

125 ml (¹/₂ tasse) de mirin (vin de cuisson japonais)

60 ml (¹/₄ tasse) de sucre

30 ml (2 c. à soupe) de jus de lime

60 ml (¹/₄ tasse) de jus d'orange

1 ml (¹/₄ c. à thé) de flocons de piment fort broyés

1 ml (¹/₄ c. à thé) de gingembre moulu

1 gousse d'ail, écrasée

Préparation

1. Dans une casserole, mélanger tous les ingrédients de la marinade. Amener à ébullition et réduire de moitié. Laisser refroidir et réserver.

2. Lorsque la marinade a refroidi, en verser la moitié dans un sac refermable avec le flétan. Laisser reposer au réfrigérateur 30 minutes. Réserver le restant de la marinade.

3. Préchauffer la friteuse Airfryer à 390 °F.

4. Retirer le flétan du sac et le tapoter avec un essuie-tout pour le sécher. Jeter la marinade contenue dans le sac. Déposer le flétan dans le panier de cuisson et glisser le panier dans la friteuse Airfryer. Cuire 10 minutes, jusqu'à ce que le tout soit cuit.

5. Badigeonner le poisson avec le restant de marinade.

CONSEILS

Servir le poisson sur du riz brun ou du riz blanc.

PREP TIME: 50 minutes
COOK TIME: 22 minutes
SERVES: 3

 PRÉPARATION : 50 minutes
CUISSON : 22 minutes
PORTIONS : 3

Pork Chops with Pineapple

Ingredients

Rub:

1 tablespoon rosemary

1 tablespoon Dijon mustard

1 tablespoon ground coriander

1 1/2 teaspoons sugar

1 1/2 teaspoons salt

Juice of 1/2 lemon

2 cloves garlic

3 (6-ounce) pork chops

8 jalapeño peppers

4 teaspoons olive oil

2 tablespoons chopped cilantro

1 tablespoon chopped parsley

1/3 cup chopped tomato

3 tablespoons plus 1 teaspoon crushed pineapple

Preparation

1. In a bowl, combine the first 7 ingredients to make the rub. Add the pork chops and rub with the marinade. Place in the refrigerator for 30 minutes.

2. Preheat Airfryer to 390°F.

3. Place the jalapeño peppers in a bowl with the olive oil. Toss to coat evenly. Place the jalapeños into the cooking basket and slide into the Airfryer. Cook for 7 minutes. Remove from the basket and set aside.

4. Once the jalapeños have cooled, seed and chop into small pieces. Add the cilantro, parsley, tomato and pineapple. Mix and set aside.

5. Place the pork chops into the cooking basket and slide into the Airfryer. Cook for 15 minutes. Serve the pork chops with the jalapeño salsa.

Côtelettes de porc avec ananas

Ingrédients

Mélange á frotter :

15 ml (1 c. à soupe) de romarin

15 ml (1 c. à soupe) de moutarde de Dijon

15 ml (1 c. à soupe) de coriandre moulue

8 ml (1 1/2 c. à thé) de sucre

8 ml (1 1/2 c. à thé) de sel

jus de 1/2 citron

2 gousses d'ail

3 côtelettes de porc de 170 g (6 oz)

8 piments jalapeno

20 ml (4 c. à thé) d'huile d'olive

30 ml (2 c. à soupe) de coriandre hachée

15 ml (1 c. à soupe) de persil haché

80 ml (1/3 tasse) de tomate hachée

45 ml (3 c. à soupe) plus 5 ml (1 c. à thé) d'ananas broyé

Préparation

1. Dans un bol, mélanger les 7 premiers ingrédients pour préparer le mélange à frotter. Ajouter les côtelettes de porc et les frotter avec la marinade. Laisser reposer au réfrigérateur 30 minutes.

2. Préchauffer la friteuse Airfryer à 390 °F.

3. Placer les piments jalapeno dans un bol avec 20 ml (4 c. à thé) d'huile d'olive. Remuer pour enrober uniformément les piments d'huile. Déposer les piments jalapeno dans le panier de cuisson et glisser le panier dans la friteuse Airfryer. Cuire 7 minutes. Retirer du panier de cuisson et réserver.

4. Une fois les piments jalapeno refroidis, les épépiner et les hacher en petits morceaux. Ajouter la coriandre, le persil, la tomate et l'ananas. Mélanger et réserver.

5. Déposer les côtelettes de porc dans le panier de cuisson et glisser le panier dans la friteuse Airfryer. Cuire 15 minutes. Servir les côtelettes de porc avec la salsa aux piments jalapeno.

PREP TIME: 6 hours 10 minutes
COOK TIME: 28 minutes
SERVES: 2

 PRÉPARATION : 6 heures 10 minutes
CUISSON : 28 minutes
PORTIONS : 2

Buttermilk Chicken

Ingredients

1 1/2 pounds chicken thighs, skin on, bone in

Marinade:
2 cups buttermilk
2 teaspoons salt
2 teaspoons ground black pepper

Seasoned flour:
2 cups all-purpose flour
1 tablespoon garlic powder
1 tablespoon paprika
1 teaspoon salt
1/2 teaspoon ground black pepper

Preparation

1. Rinse chicken thighs to remove any obvious fat and residue and pat dry with paper towels. Place in a storage container. Set aside.

2. In a mixing bowl, combine the buttermilk, salt and pepper. Pour mixture over chicken. Refrigerate for 6 hours or overnight.

3. Preheat Airfryer to 390°F.

4. In a mixing bowl, combine the flour, garlic powder, paprika, salt and pepper. Remove the chicken one piece at a time from the buttermilk and dredge in the seasoned flour. Shake off any excess flour and transfer to a plate.

5. Arrange chicken in one layer on the cooking basket, skin side up. Slide the cooking basket into the Airfryer. Cook for 13 minutes.

6. Remove the cooking basket, turn chicken pieces over and cook for another 15 minutes.

Poulet mariné au babeurre

Ingrédients

680 g (1 1/2 lb) de cuisses de poulet, avec la peau et les os

Marinade :
500 ml (2 tasses) de babeurre
10 ml (2 c. à thé) de sel
10 ml (2 c. à thé) de poivre noir moulu

Farine assaisonnée :
500 ml (2 tasses) de farine tout usage
15 ml (1 c. à soupe) de poudre d'ail
15 ml (1 c. à soupe) de paprika
5 ml (1 c. à thé) de sel
2,5 ml (1/2 c. à thé) de poivre noir moulu

Préparation

1. Rincer les cuisses de poulet pour enlever le gras et les résidus visibles, puis les sécher avec des essuie-tout. Placer les cuisses dans un contenant. Réserver.

2. Dans un bol, mélanger le babeurre, le sel et le poivre. Verser le mélange sur le poulet. Réfrigérer durant 6 heures ou toute une nuit.

3. Préchauffer la friteuse Airfryer à 390 °F.

4. Dans un bol, mélanger la farine, la poudre d'ail, le paprika, le sel et le poivre. Retirer les cuisses de poulet, une à la fois, du mélange au babeurre et les tremper dans la farine assaisonnée. Secouer l'excédent de farine et transférer les cuisses dans un plat.

5. Disposer les cuisses de poulet en une couche dans le panier de cuisson, la peau vers le haut. Glisser le panier de cuisson dans la friteuse Airfryer. Cuire 13 minutes.

6. Retirer le panier de cuisson, retourner les cuisses de poulet et cuire 15 minutes de plus.

PREP TIME: 70 minutes
COOK TIME: 10–15 minutes
SERVES: 6

Pesto Chicken

Ingredients

2 pounds boneless chicken thighs, cut into ½-inch pieces

1 zucchini, cut into ½-inch squares

1 red pepper, cut into ½-inch squares

1 red onion, cut into ½-inch squares

4 tablespoons prepared basil pesto

1 teaspoon salt

Preparation

1. Preheat Airfryer to 390°F.

2. Combine all of the ingredients together in a large mixing bowl and toss to coat evenly.

3. Cover the bowl and refrigerate for 1 hour or overnight.

4. Place chicken mixture into the cooking basket and slide into the Airfryer. Cook for 10–15 minutes, or until chicken is cooked through to 165°F.

 PRÉPARATION : 1 heure 10 minutes
CUISSON : de 10 à 15 minutes
PORTIONS : 6

Poulet au pesto

Ingrédients

900 g (2 lb) de cuisses de poulet désossées, coupées en morceaux de 1,25 cm (½ po)

1 zucchini, coupé en carrés de 1,25 cm (½ po)

1 poivron rouge, coupé en carrés de 1,25 cm (½ po)

1 oignon rouge, coupé en carrés de 1,25 cm (½ po)

60 ml (4 c. à soupe) de pesto au basilic préparé

5 ml (1 c. à thé) de sel

Préparation

1. Préchauffer la friteuse Airfryer à 390 °F.

2. Mélanger tous les ingrédients dans un grand bol et bien remuer pour enrober le poulet.

3. Couvrir le bol et réfrigérer une heure ou toute la nuit.

4. Déposer le mélange au poulet dans le panier de cuisson et glisser le panier dans la friteuse Airfryer. Cuire de 10 à 15 minutes, ou jusqu'à ce que la température interne du poulet atteigne 165 °F.

PREP TIME: 1 hour 35 minutes EN
COOK TIME: 5 minutes
SERVES: 3–5

Plum Pork Ribs

Ingredients

Salt and pepper to taste

8 pork spareribs

1 tablespoon olive oil

1 teaspoon vegetable oil

6 cloves garlic

3 ginger slices

1 chili pepper

3 scallions, chopped

1 star anise

3 teaspoons brown sugar

³/₄ cup soy sauce

¹/₂ cup rice wine

3 fresh plums (if not in season, add 6 tablespoons plum jam)

Pinch of white pepper

Minced garlic for garnish

Scallion, chopped, for garnish

Parsley for garnish

Preparation

1. Sprinkle salt and pepper on the spareribs. Add olive oil to a large skillet. Add the spareribs and brown on medium-high heat. Set aside.

2. In a separate deep skillet, heat vegetable oil on medium heat; add the garlic cloves and ginger slices until lightly browned. Add the chili pepper, scallions and star anise. Then add the brown sugar and stir until melted. Add the soy sauce and rice wine, until fully combined. Add the ribs to the pan with the marinade and add water to submerge ribs. Add the plums and white pepper and simmer for 90 minutes.

3. Preheat Airfryer to 390°F.

4. Place ribs into the cooking basket and slide into Airfryer. Cook for 5 minutes.

5. Place the ribs on a plate and sprinkle with minced garlic, scallion and parsley.

 PRÉPARATION : 1 heure 35 minutes FR
CUISSON : 5 minutes
PORTIONS : de 3 à 5

Côtes levées aux prunes

Ingrédients

Sel et poivre, au goût

8 côtes levées de porc

15 ml (1 c. à soupe) d'huile d'olive

5 ml (1 c. à thé) d'huile végétale

6 gousses d'ail

3 tranches de gingembre

1 piment chili

3 oignons verts, hachés

1 anis étoilé

15 ml (3 c. à thé) de cassonade

180 ml (³/₄ tasse) de sauce soya

125 ml (¹/₂ tasse) de vin de riz

3 prunes fraîches (si ce n'est pas la saison, les remplacer par 90 ml ou 6 c. à soupe de confiture de prunes)

1 pincée de poivre blanc

Ail émincé pour garnir

Oignon vert, haché, pour garnir

Persil pour garnir

Préparation

1. Saupoudrer les côtes levées de sel et de poivre. Ajouter l'huile d'olive dans une grande poêle. Déposer les côtes levées dans la poêle et les dorer à feu moyen-vif. Réserver.

2. Dans une autre poêle profonde, faire chauffer l'huile végétale à feu moyen; ajouter les gousses d'ail et les tranches de gingembre et les cuire jusqu'à ce qu'elles soient légèrement dorées. Ajouter le piment chili, l'oignon vert et l'anis étoilé. Ajouter ensuite la cassonade et remuer jusqu'à ce qu'elle ait fondu. Ajouter la sauce soya et le vin de riz et bien mélanger. Ajouter les côtes levées dans la poêle contenant la marinade et ajouter suffisamment d'eau pour couvrir les côtes levées. Ajouter les prunes et le poivre blanc et laisser mijoter 90 minutes.

3. Préchauffer la friteuse Airfryer à 390 °F.

4. Placer les côtes levées dans le panier de cuisson et glisser le panier dans la friteuse Airfryer. Cuire 5 minutes.

5. Déposer les côtes levées dans un plat et les garnir d'ail émincé, d'oignon vert et de persil.

PREP TIME: 10 minutes
COOK TIME: 30 minutes
SERVES: 4

EN

 PRÉPARATION : 10 minutes
CUISSON : 30 minutes
PORTIONS : 4

FR

Roasted Rack of Lamb

Ingredients

2 small racks of lamb

1 clove garlic, finely chopped

1 tablespoon olive oil

Salt and pepper to taste

$^{1}/_{4}$ cup finely chopped unsalted macadamia nuts

1 tablespoon rosemary

1 tablespoon bread crumbs

1 large egg, beaten

Preparation

1. Cut the racks of lamb into pieces that will fit into the cooking basket. In a bowl, mix the garlic and olive oil. Brush the rack of lamb pieces with the garlic oil and season with salt and pepper.

2. Preheat Airfryer to 210°F.

3. Place the macadamia nuts on a plate. Stir in and evenly distribute the rosemary and bread crumbs.

4. Put the beaten egg onto a plate. To coat, dip the lamb into the egg, draining off any excess, then evenly coat the lamb with the macadamia nut mixture.

5. Place the coated lamb into the cooking basket and slide into the Airfryer. Cook for 25 minutes. Turn once with a pair of tongs.

6. Increase the heat to 390°F and cook for an additional 5 minutes. Remove the meat, cover with aluminum foil and allow to rest for 10 minutes before serving.

Carré d'agneau rôti

Ingrédients

2 petits carrés d'agneau

1 gousse d'ail, hachée finement

15 ml (1 c. à soupe) d'huile d'olive

Sel et poivre, au goût

60 ml ($^{1}/_{4}$ tasse) de noix de macadamia non salées, hachées finement

15 ml (1 c. à soupe) de romarin

15 ml (1 c. à soupe) de chapelure

1 gros œuf, battu

Préparation

1. Découper les carrés d'agneau en morceaux pouvant entrer dans le panier de cuisson. Dans un bol, mélanger l'ail et l'huile d'olive. Badigeonner les morceaux de carré d'agneau avec l'huile à l'ail et les assaisonner de sel et de poivre.

2. Préchauffer la friteuse Airfryer à 210 °F.

3. Placer les noix de macadamia dans un plat. Incorporer au plat le romarin et la chapelure et les répartir uniformément.

4. Verser l'œuf battu dans un plat. Pour enrober les morceaux d'agneau, les tremper dans l'œuf, en laissant s'égoutter l'excédent d'œuf, puis les enrober uniformément du mélange aux noix de macadamia.

5. Déposer les morceaux d'agneau dans le panier de cuisson et glisser le panier dans la friteuse Airfryer. Cuire 25 minutes. Retourner une fois durant la cuisson en utilisant une paire de pinces.

6. Augmenter le feu à 390 °F et cuire 5 minutes de plus. Retirer la viande, la recouvrir de papier d'aluminium et la laisser reposer 10 minutes avant de la servir.

Grilled Cheese/ Sandwich au fromage fondant, p. 162

PREP TIME: 10 minutes
COOK TIME: 6 minutes
SERVES: 2

 PRÉPARATION : 10 minutes
CUISSON : 6 minutes
PORTIONS : 2

Grilled Cheese

Ingredients

4 slices brioche or thick-sliced egg or white bread

¹/₄ cup butter, melted

4 slices sharp cheddar cheese

Preparation

1. Preheat Airfryer to 360°F.

2. Brush butter on one side of each slice of bread. Place 1 slice of cheese on each slice of bread. Put the grilled cheese sandwich together. Place into the cooking basket and slide into the Airfryer.

3. Cook for 3 minutes. Remove the cooking basket and flip sandwich over and cook for an additional 3 minutes, or until golden brown and cheese has melted.

Sandwich au fromage fondant

Ingrédients

4 tranches de brioche, de pain blanc ou de pain aux œufs épaisses

60 ml (¹/₄ tasse) de beurre, fondu

4 tranches de fromage cheddar fort

Préparation

1. Préchauffer la friteuse Airfryer à 360 °F.

2. Tartiner de beurre un côté de chaque tranche de pain. Déposer une tranche de fromage sur chaque tranche de pain. Préparer le sandwich. Déposer dans le panier de cuisson et glisser le panier dans la friteuse Airfryer.

3. Cuire 3 minutes. Retirer le panier de cuisson et retourner le sandwich, puis cuire 3 minutes de plus, ou jusqu'à ce que le sandwich soit doré et que le fromage ait fondu.

PREP TIME: 15 minutes
COOK TIME: 22 minutes
SERVES: 2

 PRÉPARATION : 15 minutes
COOK TIME: 22 minutes
PORTIONS : 2

Cheese & Broccoli Pasta Bake

Ingredients

$^1/_2$ teaspoon olive oil

$^1/_2$ teaspoon minced garlic

$^1/_2$ cup whole wheat penne pasta

$^1/_3$ cup broccoli, cut into 1-inch pieces

$^1/_4$ cup tomato sauce, no salt added

2 tablespoons shredded low-sodium mozzarella cheese

2 tablespoons part-skim-milk ricotta cheese

1 tablespoon chopped fresh basil

$^1/_2$ tablespoon grated low-sodium Parmesan cheese

$^1/_8$ teaspoon salt

$^1/_8$ teaspoon ground black pepper

Preparation

1. Preheat Airfryer to 360°F.

2. Place oil and garlic in a small sauté pan. On the stove top, sauté over medium heat for 1 minute; set aside.

3. Cook pasta in a large pot of boiling salted water until al dente, about 9 minutes. Add the broccoli to the pasta pot after 5 minutes and cook together. Drain both the pasta and the broccoli together.

4. In a large bowl, mix tomato sauce, half of the mozzarella, ricotta, basil, half of the Parmesan, and sautéed garlic. Add pasta and broccoli; toss. Season with salt and pepper.

5. Transfer to two 3 x 3-inch ramekins. Sprinkle remaining mozzarella and Parmesan over ingredients.

6. Place the ramekins into the cooking basket and slide into the Airfryer. Cook for 8 minutes. Remove and cool for 5 minutes.

Plat de pâtes au fromage et au brocoli

Ingrédients

2,5 ml ($^1/_2$ c. à thé) d'huile d'olive

2,5 ml ($^1/_2$ c. à thé) d'ail émincé

125 ml ($^1/_2$ tasse) de pennes au blé entier

80 ml ($^1/_3$ tasse) de brocoli, coupé en morceaux de 2,5 cm (1 po)

60 ml ($^1/_4$ tasse) de sauce tomate, sans sel ajouté

30 ml (2 c. à soupe) de mozzarella à faible teneur en sodium, râpé

30 ml (2 c. à soupe) de ricotta au lait partiellement écrémé

15 ml (1 c. à soupe) de basilic frais haché

8 ml ($^1/_2$ c. à soupe) de parmesan à faible teneur en sodium, râpé

0,5 ml ($^1/_8$ c. à thé) de sel

0,5 ml ($^1/_8$ c. à thé) de poivre noir moulu

Préparation

1. Préchauffer la friteuse Airfryer à 360 °F.

2. Mettre l'huile et l'ail dans une petite poêle. Faire sauter à feu moyen 1 minute; réserver.

3. Cuire les pâtes dans une grande casserole d'eau salée bouillante jusqu'à ce qu'elles soient al dente, environ 9 minutes. Après 5 minutes, ajouter le brocoli à la casserole de pâtes et les cuire ensemble. Égoutter les pâtes et le brocoli.

4. Dans un grand bol, mélanger la sauce tomate, la moitié du mozzarella, la ricotta, le basilic, la moitié du parmesan et l'ail sauté. Ajouter les pâtes et le brocoli; remuer. Assaisonner de sel et de poivre. .

5. Transférer la préparation dans deux ramequins de 7,5 x 7,5 cm (3 x 3 po). Saupoudrer les restants de mozzarella et de parmesan sur la préparation.

6. Déposer les ramequins dans le panier de cuisson et glisser le panier dans la friteuse Airfryer. Cuire 8 minutes. Retirer et laisser refroidir 5 minutes.

PREP TIME: 5 minutes
COOK TIME: 10 minutes
SERVES: 2

EN

 PRÉPARATION : 5 minutes
CUISSON : 10 minutes
PORTIONS : 2

FR

Smiley Burger Sliders

Ingredients

8 ounces ground beef

Salt and pepper to taste

2 dinner rolls or slider buns

2 cherry tomatoes, halved

Ketchup for garnish

Pickle for garnish

Preparation

1. Preheat Airfryer to 390°F.

2. Form ground beef into two 4-ounce patties and season with salt and pepper.

3. Place the burgers into the cooking basket and slide into the Airfryer. Cook for 10 minutes.

4. Top each roll or bun with the burger. To create a smiley face, use tomatoes for the eyes, a pickle for the nose and ketchup for the smile.

Mini hamburgers à frimousse

Ingrédients

225 g (8 oz) de bœuf haché

Sel et poivre, au goût

2 petits pain mollets ou mini-pains à hamburger

2 tomates cerises, coupées en deux

Ketchup pour garnir

Cornichon pour garnir

Préparation

1. Préchauffer la friteuse Airfryer à 390 °F.

2. Former deux galettes de 115 g (4 oz) de bœuf haché et les assaisonner de sel et de poivre.

3. Déposer les galettes de bœuf dans le panier de cuisson et glisser le panier dans la friteuse Airfryer. Cuire 10 minutes.

4. Garnir chaque petit pain d'une galette de bœuf. Pour créer une frimousse, utiliser les tomates pour les yeux, le cornichon pour le nez et le ketchup pour le sourire.

PREP TIME: 15 minutes
COOK TIME: 20 minutes
SERVES: 3–4

EN

 PRÉPARATION : 15 minutes
CUISSON : 20 minutes
PORTIONS : de 3 à 4

FR

Cod Fish Nuggets

Ingredients

1 pound cod

Breading:

³/₄ cup panko bread crumbs

2 tablespoons olive oil

Pinch of salt

2 large eggs, beaten

1 cup all-purpose flour

Preparation

1. Preheat Airfryer to 390°F.

2. Cut the cod into nuggets, approximately 1 x 2 1/2 inches in length.

3. In a food processor, blend the panko bread crumbs, oil and salt into a fine crumb. In three separate bowls, set aside panko mixture, eggs and flour.

4. Place each piece of cod into the flour, then the eggs, then the panko mixture. Press the fish firmly to ensure the panko mixture coats the fish. Shake off any excess breading.

5. Place half of the cod nuggets into the cooking basket and slide into the Airfryer. Cook for 8–10 minutes, until golden brown. Repeat with second batch.

Pépites de morue

Ingrédients

450 g (1 lb) de morue

Panure :

180 ml (³/₄ tasse) de chapelure panko

30 ml (2 c. à soupe) d'huile d'olive

1 pincée de sel

2 gros œufs, battus

250 ml (1 tasse) de farine tout usage

Préparation

1. Préchauffer la friteuse Airfryer à 390 °F.

2. Découper la morue en pépites d'environ 2,5 cm (1 po) par 6 cm (2,5 po) de long.

3. Dans un robot culinaire, mélanger la chapelure panko, l'huile et le sel jusqu'à obtenir une panure fine. Mettre le mélange de chapelure panko, les œufs et la farine dans trois bols séparés.

4. Tremper chaque morceau de morue dans la farine, puis les œufs, puis le mélange de chapelure panko. Presser fermement chaque morceau de poisson dans le mélange de chapelure pour vous assurer qu'il soit bien enrobé. Secouer les morceaux de poisson pour enlever l'excédent de panure.

5. Déposer la moitié des pépites de morue dans le panier de cuisson et glisser le panier dans la friteuse Airfryer. Cuire de 8 à 10 minutes, ou jusqu'à ce que les pépites soient brun doré. Répéter la procédure avec le second lot de pépites.

PREP TIME: 10 minutes
COOK TIME: 5 minutes
SERVES: 2

Cornmeal-Crusted Fish Sticks

Ingredients

2 tablespoons all-purpose flour

1/8 teaspoon salt

1/8 teaspoon ground black pepper

1 tablespoon plus 1 teaspoon yellow cornmeal

3/4 teaspoon chili powder

2 tablespoons reduced-fat mayonnaise

3/4 teaspoon lemon juice

1 cod fish fillet, cut into 2 pieces

Preparation

1. Preheat Airfryer to 390°F.

2. In a bowl, mix together the flour, salt, pepper, cornmeal and chili powder.

3. Stir the mayonnaise and lemon juice in a shallow dish to blend. Dip fish fillets into mayonnaise mixture, then into flour mixture to coat completely.

4. Place fish into the cooking basket and slide into the Airfryer. Cook for 5 minutes, or until crispy.

Adapted from mealeasy.com.

 PRÉPARATION : 10 minutes
CUISSON : 5 minutes
PORTIONS : 2

Bâtonnets de poisson panés à la semoule de maïs

Ingrédients

30 ml (2 c. à soupe) de farine tout usage

0,5 ml (1/8 c. à thé) de sel

0,5 ml (1/8 c. à thé) de poivre noir moulu

15 ml (1 c. à soupe) plus 5 ml (1 c. à thé) de semoule de maïs jaune

4 ml (3/4 c. à thé) de poudre de chili

30 ml (2 c. à soupe) de mayonnaise à teneur réduite en gras

4 ml (3/4 c. à thé) de jus de citron

1 filet de morue, coupé en deux morceaux

Préparation

1. Préchauffer la friteuse Airfryer à 390 °F.

2. Dans un bol, mélanger la farine, le sel, le poivre, la semoule de maïs et la poudre de chili.

3. Mélanger la mayonnaise et le jus de citron dans un plat peu profond. Tremper les filets de poisson dans le mélange de mayonnaise, puis dans le mélange de farine, afin de les enrober complètement.

4. Déposer les morceaux de poisson dans le panier de cuisson et glisser le panier dans la friteuse Airfryer. Cuire 5 minutes, ou jusqu'à ce que le poisson soit croustillant.

Recette adaptée du site mealeasy.com.

PREP TIME: 20 minutes
COOK TIME: 10 minutes
SERVES: 3–5

 PRÉPARATION : 20 minutes
CUISSON : 10 minutes
PORTIONS : de 3 à 5

Crispy Chicken Nuggets

Ingredients

2 slices stale or toasted white bread

1 tablespoon paprika

1 tablespoon olive oil

1/2 pound chicken breast

1 large egg yolk

1 clove garlic

2 tablespoons tomato paste

1 tablespoon parsley

1/2 teaspoon salt

Fresh ground pepper to taste

2 large egg whites

Preparation

1. Blend the bread and paprika in a food processor until the mixture is crumbly. Add the olive oil and process for a few seconds. Transfer the mixture to a bowl. Set aside.

2. Puree the chicken breast in the food processor and add in the egg yolk, garlic, tomato paste and parsley. Add salt and pepper to taste.

3. Preheat Airfryer to 390°F. Shape the chicken mixture into 10 balls and press them into oval nuggets.

4. Whisk the egg whites in a bowl. Coat the nuggets first with egg white and then with the bread crumb mixture. Coat the nuggets thoroughly.

5. Place the nuggets into the cooking basket and slide into the Airfryer. Cook for 10 minutes. Shake nuggets after 5 minutes.

Pépites de poulet croustillantes

Ingrédients

2 tranches de pain blanc rassis ou grillé

15 ml (1 c. à soupe) de paprika

15 ml (1 c. à soupe) d'huile d'olive

225 g (1/2 lb) de poitrine de poulet

Le jaune d'un gros œuf

1 gousse d'ail

30 ml (2 c. à soupe) de pâte de tomate

15 ml (1 c. à soupe) de persil

2,5 ml (1/2 c. à thé) de sel

Poivre noir fraîchement moulu, au goût

Les blancs de 2 gros œufs

Préparation

1. Mélanger le pain et le paprika dans un robot culinaire jusqu'à ce que le mélange soit friable. Ajouter l'huile d'olive et mélanger quelques secondes avec le robot. Transférer le mélange dans un bol. Réserver.

2. Réduire les poitrines de poulet en purée au robot culinaire et ajouter le jaune d'œuf, l'ail, la pâte de tomate et le persil. Assaisonner de sel et de poivre, au goût.

3. Préchauffer la friteuse Airfryer à 390 °F. Former 10 boules avec le mélange au poulet et les aplatir en forme de pépites ovales.

4. Battre les blancs d'œufs dans un bol. Enrober les pépites de blanc d'œuf, puis du mélange de chapelure. Bien enrober chaque pépite.

5. Déposer les pépites dans le panier de cuisson et glisser le panier dans la friteuse Airfryer. Cuire 10 minutes. Durant la cuisson, secouer les pépites après 5 minutes.

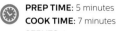 **PREP TIME:** 5 minutes
COOK TIME: 7 minutes
SERVES: 1

Tortilla Pizza

Ingredients

1 soft flour tortilla

1 tablespoon tomato sauce, no salt added

$1/4$ green pepper, cut into thick strips

$1/4$ yellow onion, thinly sliced

4 pepperoni slices

$1/2$ tablespoon canned sliced black olives

$1/4$ cup grated low-sodium mozzarella cheese

Preparation

1. Preheat Airfryer to 390°F.

2. Spread the tomato sauce over the tortilla.

3. Evenly distribute green pepper, onion, pepperoni, olives and cheese onto each tortilla.

4. Place the pizza into the cooking basket and slide into the Airfryer. Cook for 7 minutes until cheese has melted and tortilla has become crisp.

Adapted from mealeasy.com.

 PRÉPARATION : 5 minutes
CUISSON : 7 minutes
PORTIONS : 1

Pizza tortilla

Ingrédients

1 tortilla à la farine souple

15 ml (1 c. à soupe) de sauce tomate, sans sel ajouté

$1/4$ poivron vert, coupé en lanières épaisses

$1/4$ oignon jaune, émincé finement

4 tranches de pepperoni

8 ml ($1/2$ c. à soupe) d'olives noires tranchées en boîte

60 ml ($1/4$ tasse) de mozzarella à faible teneur en sodium, râpé

Préparation

1. Préchauffer la friteuse Airfryer à 390 °F.

2. Étendre la sauce tomate sur la tortilla.

3. Répartir uniformément le poivron vert, l'oignon, le pepperoni, les olives et le fromage sur chaque tortilla.

4. Déposer la pizza dans le panier de cuisson et glisser le panier dans la friteuse Airfryer. Cuire 7 minutes, jusqu'à ce que le fromage ait fondu et que la tortilla soit croustillante.

Recette adaptée du site mealeasy.com.

PREP TIME: 5 minutes EN
COOK TIME: 5 minutes
SERVES: 1

PRÉPARATION : 5 minutes FR
CUISSON : 5 minutes
PORTIONS : 1

Portobello Pepperoni Pizza

Ingredients

1 portobello mushroom cap, cleaned and scooped

1 tablespoon olive oil

2 pinches of salt

2 pinches of dried Italian seasoning

1 tablespoon tomato sauce

1 tablespoon shredded mozzarella cheese

4 slices pepperoni

1 teaspoon freshly grated Parmesan cheese

1/4 teaspoon crushed red pepper flakes

Preparation

1. Preheat Airfryer to 330°F.

2. Evenly brush olive oil on both sides of the portobello. Season with salt and Italian seasoning. With a spoon, evenly spread the tomato sauce over the cap of the portobello and top with mozzarella.

3. Place the portobello into the cooking basket and slide into the Airfryer. Cook for 1 minute. After 1 minute, slide the cooking basket out of the Airfryer and place the pepperoni slices on top of the pizza. Cook for an additional 3–5 minutes.

4. Before serving, top with Parmesan cheese and crushed red pepper flakes.

Pizza au champignon portobello et au pepperoni

Ingrédients

1 chapeau de champignon portobello, lavé et les lamelles enlevées à la cuillère

15 ml (1 c. à soupe) d'huile d'olive

2 pincées de sel

2 pincées d'assaisonnement à l'italienne séché

15 ml (1 c. à soupe) de sauce tomate

15 ml (1 c. à soupe) de mozzarella râpé

4 tranches de pepperoni

5 ml (1 c. à thé) de parmesan fraîchement râpé

1 ml (1/4 c. à thé) de flocons de piment fort broyés

Préparation

1. Préchauffer la friteuse Airfryer à 330 °F.

2. Badigeonner uniformément d'huile d'olive les deux côtés du champignon portobello. Assaisonner de sel et d'assaisonnement à l'italienne. Avec une cuillère, étendre uniformément la sauce tomate sur le chapeau du champignon portobello et garnir de mozzarella.

3. Déposer le champignon portobello dans le panier de cuisson et glisser le panier dans la friteuse Airfryer. Cuire 1 minute. Après 1 minute, retirer le panier de cuisson de la friteuse Airfryer et déposer les tranches de pepperoni sur la pizza. Cuire de 3 à 5 minutes de plus.

4. Avant de servir, garnir la pizza de parmesan et de flocons de piment fort broyés.

PREP TIME: 15 minutes
COOK TIME: 20 minutes
SERVES: 2-4

EN

 PRÉPARATION : 15 minutes
CUISSON : 20 minutes
PORTIONS : de 3 à 4

FR

Country Chicken Tenders

Filets de poitrine de poulet campagnards

Ingredients

$^1/_2$ cup seasoned bread crumbs

$^1/_2$ teaspoon salt

1 teaspoon ground black pepper

2 tablespoons olive oil

3 large eggs, beaten

$^1/_2$ cup all-purpose flour

1 pound chicken tenders

Ingrédients

125 ml ($^1/_2$ tasse) de chapelure assaisonnée

2,5 ml ($^1/_2$ c. à thé) de sel

5 ml (1 c. à thé) de poivre noir moulu

30 ml (2 c. à soupe) d'huile d'olive

3 gros œufs, battus

125 ml ($^1/_2$ tasse) de farine tout usage

450 g (1 lb) de filets de poitrine de poulet

Preparation

1. Preheat Airfryer to 330°F.

2. In a mixing bowl, combine the bread crumbs, salt, pepper and oil and mix until thoroughly combined.

3. In two separate mixing bowls, place the eggs and flour.

4. Dredge each chicken piece in the flour, then dip in the eggs, coating evenly, then coat with bread crumbs. Press the chicken firmly to ensure the bread crumbs are coated evenly. Shake off any excess breading.

5. Place half of the chicken tenders into the cooking basket and slide into the Airfryer. Cook for 10 minutes, or until golden brown. Repeat with second batch.

Préparation

1. Préchauffer la friteuse Airfryer à 330 °F.

2. Dans un bol, ajouter la chapelure, le sel, le poivre et l'huile et bien mélanger.

3. Mettre les œufs et la farine dans deux bols séparés.

4. Tremper chaque morceau de poulet dans la farine, puis dans les œufs, en les enrobant uniformément, puis dans la chapelure. Presser fermement les morceaux de poulet dans la chapelure pour vous assurer qu'ils sont enrobés uniformément. Secouer les morceaux de poulet pour enlever l'excédent de panure.

5. Déposer la moitié des filets de poitrine de poulet dans le panier de cuisson et glisser le panier dans la friteuse Airfryer. Cuire 10 minutes, ou jusqu'à ce que les poitrines soient brun doré. Répéter la procédure avec le second lot.

PREP TIME: 5 minutes
COOK TIME: 5 minutes
SERVES: 4

 PRÉPARATION : 5 minutes
CUISSON : 5 minutes
PORTIONS : 4

Cheese & Bean Quesadillas

Ingredients

4 soft corn tortillas

$^1/_2$ cup fat-free refried beans

$^1/_3$ cup corn kernels

$^1/_2$ cup shredded cheddar cheese

Preparation

1. Preheat Airfryer to 390°F.

2. Place each tortilla shell on a cutting board. Spread the refried beans, corn kernels and cheese on the tortillas, dividing evenly. Fold in half.

3. Place the tortillas on the **Philips Airfryer Grill Pan Accessory** and slide into the Airfryer. Cook for 3 minutes. .

4. Remove the grill pan, turn quesadillas over, and cook for another 2 minutes.

Adapted from mealeasy.com.

Quésadillas au fromage et aux haricots

Ingrédients

4 tortillas de maïs souples

125 ml ($^1/_2$ tasse) de haricots frits sans gras

80 ml ($^1/_3$ tasse) de grains de maïs

125 ml ($^1/_2$ tasse) de cheddar râpé

Préparation

1. Préchauffer la friteuse Airfryer à 390 °F.

2. Placer chaque tortilla sur une planche à découper. Étendre les haricots frits, les grains de maïs et le fromage sur les tortillas, en les répartissant uniformément. Plier les tortillas en deux

3. Placer les tortillas dans la **poêle Airfryer de Philips** et la glisser dans la friteuse Airfryer. Cuire 3 minutes.

4. Retirer la poêle, retourner les quésadillas et cuire 2 minutes de plus.

Recette adaptée du site mealeasy.com.

Roasted Winter Vegetables/Légumes d'hiver grillés, p. 176

PREP TIME: 5 minutes
COOK TIME: 20 minutes
SERVES: 3–5

EN

 PRÉPARATION : 5 minutes
CUISSON : 20 minutes
PORTIONS : de 3 à 5

FR

Roasted Winter Vegetables

Ingredients

2 red onions, peeled and cut into $^1/_2$-inch wedges

2 cups celery root, peeled and cut into $^1/_2$-inch cubes

2 cups parsnips, peeled and cut into $^1/_2$-inch cubes

2 cups butternut squash, halved, seeds removed and cut into $^1/_2$-inch cubes

1 tablespoon chopped fresh thyme

1 tablespoon olive oil

Salt and pepper to taste

Preparation

1. Preheat Airfryer to 390°F.

2. In a large bowl, combine the cut vegetables with the thyme and olive oil; mix to coat. Season with salt and pepper.

3. Place vegetables into the cooking basket and slide into the Airfryer. Cook for 20 minutes. Stir the vegetables once after 10 minutes.

Légumes d'hiver grillés

Ingrédients

2 oignons rouges, coupés en morceaux de 1,25 cm ($^1/_2$ po)

500 ml (2 tasses) de céleri-rave, pelé et coupé en cubes de 1,25 cm ($^1/_2$ po)

500 ml (2 tasses) de panais, pelés et coupés en cubes de 1,25 cm ($^1/_2$ po)

500 ml (2 tasses) de courges Butternut, coupées en deux, épépinées et coupées en cubes de 1,25 cm ($^1/_2$ po)

15 ml (1 c. à soupe) de thym frais haché

15 ml (1 c. à soupe) d'huile d'olive

Sel et poivre, au goût

Préparation

1. Préchauffer la friteuse Airfryer à 390 °F.

2. Dans un grand bol, mélanger les légumes coupés avec le thym et l'huile d'olive; mélanger pour bien enrober. Assaisonner de sel et de poivre.

3. Déposer les légumes dans le panier de cuisson et glisser le panier dans la friteuse Airfryer. Cuire 20 minutes. Durant la cuisson, remuer les légumes après 10 minutes.

PREP TIME: 5 minutes
COOK TIME: 10 minutes
SERVES: 4

 EN

Roasted Asparagus

Ingredients

1 pound asparagus

1 teaspoon canola oil

1/2 teaspoon salt

1/2 teaspoon pepper

Preparation

1. Preheat Airfryer to 390°F.

2. Cut off the tough asparagus bottoms, about 1 inch.

3. Place the asparagus in a large bowl or baking dish and drizzle with the oil. Sprinkle with salt and pepper, and toss the asparagus, coating evenly.

4. Place the asparagus into the cooking basket and slide into the Airfryer. Cook for 8–10 minutes until tender.

PRÉPARATION : 5 minutes
CUISSON : 10 minutes
PORTIONS : 4

FR

Asperges grillées

Ingrédients

450 g (1 lb) d'asperges

5 ml (1 c. à thé) d'huile de canola

2,5 ml (1/2 c. à thé) de sel

2,5 ml (1/2 c. à thé) de poivre

Préparation

1. Préchauffer la friteuse Airfryer à 390 °F.

2. Couper la partie dure des asperges, environ 2,5 cm (1 po).

3. Mettre les asperges dans un grand bol ou un plat de cuisson et verser l'huile dessus. Saupoudrer les asperges de sel et de poivre, et les remuer pour les enrober uniformément.

4. Déposer les asperges dans le panier de cuisson et glisser le panier dans la friteuse Airfryer. Cuire de 8 à 10 minutes, jusqu'à ce que les asperges soient tendres.

PREP TIME: 10 minutes
COOK TIME: 15 minutes
SERVES: 4

Potatoes Au Gratin

Ingredients

¼ cup milk

¼ cup heavy cream

Salt and pepper to taste

½ teaspoon nutmeg

3 medium russet potatoes, peeled, thinly sliced

¼ cup grated Gruyère cheese

Preparation

1. Preheat Airfryer to 390°F.

2. In a bowl, combine milk and cream, and season with salt, pepper and nutmeg. Add the potatoes until fully coated.

3. Transfer the potato slices to the **Philips Non-Stick Baking Dish** and add the rest of the cream mixture over the potatoes. Distribute the cheese evenly over the potato mixture. Place the baking dish into the cooking basket and slide into the Airfryer. Cook for 15 minutes until nicely browned.

 PRÉPARATION : 10 minutes
CUISSON : 15 minutes
PORTIONS : 4

FR

Gratin de pommes de terre

Ingrédients

60 ml (¼ tasse) de lait

60 ml (¼ tasse) de crème épaisse

Sel et poivre, au goût

2,5 ml (½ c. à thé) de muscade

3 pommes de terre Russet moyennes, épluchées et tranchées finement

60 ml (¼ tasse) de gruyère râpé

Préparation

1. Préchauffer la friteuse Airfryer à 390 °F.

2. Dans un bol, mélanger le lait et la crème, et assaisonner de sel, de poivre et de muscade. Ajouter les pommes de terre et bien les enrober du mélange.

3. Transférer les tranches de pommes de terre dans *l'accessoire antiadhesif pour cuisson au four Airfryer de Philips*, puis verser le restant du mélange à la crème sur les pommes de terre. Répartir le fromage uniformément sur le mélange de pommes de terre. Déposer le moule dans le panier de cuisson et glisser le panier dans la friteuse Airfryer. Cuire 15 minutes, ou jusqu'à ce que les pommes de terre soient dorées.

PREP TIME: 10 minutes
COOK TIME: 22 minutes
SERVES: 3–5

Curried Cauliflower Florets

Ingredients

¼ cup golden raisins

¼ cup pine nuts

4 tablespoons canola oil, divided

1 head cauliflower

1 tablespoon curry powder

¼ teaspoon salt

Preparation

1. Preheat Airfryer to 390°F. In a saucepan, pour 8 ounces of water and bring to a boil. Place raisins in a small mixing bowl and pour the hot water over the raisins.

2. In a mixing bowl, combine the pine nuts with 1 teaspoon canola oil and toss together. Place the tossed pine nuts into the cooking basket and slide into the Airfryer. Cook for 2 minutes. After 2 minutes, remove the pine nuts from the cooking basket. Cool and set aside.

3. On a cutting board, core cauliflower and cut florets of cauliflower into small pieces. In a mixing bowl, combine the cauliflower florets, remaining canola oil, curry and salt. Place half of the cauliflower florets into the cooking basket and slide into the Airfryer. Cook for 10 minutes. Repeat until all cauliflower florets are cooked.

4. Drain the golden raisins into a strainer. Toss raisins with the cooked cauliflower and pine nuts, and serve.

 PRÉPARATION : 10 minutes
CUISSON : 22 minutes
PORTIONS : de 3 à 5

Bouquets de chou-fleur au cari

Ingrédients

60 ml (¼ tasse) de raisins secs dorés

60 ml (¼ tasse) de pignons

60 ml (4 c. à soupe) d'huile de canola, divisée

1 tête de chou-fleur

15 ml (1 c. à soupe) de poudre de cari

1 ml (¼ c. à thé) de sel

Préparation

1. Préchauffer la friteuse Airfryer à 390 °F. Dans une casserole, verser 240 ml (8 oz) d'eau et amener à ébullition. Mettre les raisins secs dans un petit bol et verser l'eau chaude sur les raisins secs.

2. Dans un bol, mélanger les pignons avec 5 ml (1 c. à thé) d'huile de canola et bien remuer. Déposer les pignons dans le panier de cuisson et glisser le panier dans la friteuse Airfryer. Cuire 2 minutes. Après les 2 minutes, retirer les pignons du panier de cuisson. Laisser refroidir et réserver.

3. Sur une planche à découper, enlever le cœur du chou-fleur et découper les bouquets du chou-fleur en petits morceaux. Dans un bol, mélanger les bouquets de chou-fleur, le restant d'huile de canola, la poudre de cari et le sel. Déposer la moitié des bouquets de chou-fleur dans le panier de cuisson et glisser le panier dans la friteuse Airfryer. Cuire 10 minutes. Répéter la procédure jusqu'à ce que tous les bouquets de chou-fleur soient cuits.

4. Égoutter les raisins secs dorés dans une passoire. Mélanger les raisins secs dorés avec le chou-fleur cuit et les pignons et servir.

PREP TIME: 15 minutes
COOK TIME: 6 minutes
SERVES: 4

EN

Indian Spiced Potato Pancakes

Ingredients

1 teaspoon salt

1/4 cup frozen peas, thawed

1/2 yellow onion, peeled

2 russet potatoes, peeled

1 large egg

1 tablespoon all-purpose flour

1/4 teaspoon ground coriander

1/4 teaspoon ground turmeric

1/4 teaspoon ground cumin

2 tablespoons grated fresh ginger, peeled

2 tablespoons chopped fresh cilantro

1/4 teaspoon salt

1/4 teaspoon ground black pepper

Preparation

1. In a small saucepan, bring salted water to a boil. Add peas and cook, uncovered, until heated through, about 2 minutes. Drain, then rinse in a colander under cold running water. Set aside in the colander to drain completely.

2. Coarsely chop the onion and grate the potatoes, and set aside in the colander to drain.

3. In a large mixing bowl, lightly beat the egg. Whisk in the flour, coriander, turmeric and cumin. Mix in the ginger, cilantro and peas.

4. With a paper towel, press the potatoes and onion to extract as much liquid as possible, then add to the egg mixture and combine. Season mixture with salt and pepper.

5. Preheat Airfryer to 390°F. Form the potato cakes into four equal portions. Place into the cooking basket and slide into the Airfryer. Cook for 6 minutes.

Adapted from mealeasy.com.

PRÉPARATION : 15 minutes
CUISSON : 6 minutes
PORTIONS : 4

FR

Galettes de pommes de terre épicées à l'indienne

Ingrédients

5 ml (1 c. à thé) de sel

60 ml (1/4 tasse) de petits pois surgelés, décongelés

1/2 oignon jaune, épluché

2 pommes de terre Russet, épluchées

1 gros œuf

15 ml (1 c. à soupe) de farine tout usage

1 ml (1/4 c. à thé) de coriandre moulue

1 ml (1/4 c. à thé) de curcuma moulu

1 ml (1/4 c. à thé) de cumin moulu

30 ml (2 c. à soupe) de gingembre frais pelé et râpé

30 ml (2 c. à soupe) de coriandre fraîche hachée

1 ml (1/4 c. à thé) de sel

1 ml (1/4 c. à thé) de poivre noir moulu

Préparation

1. Dans une petite casserole, amener de l'eau salée à ébullition. Ajouter les petits pois et cuire, sans couvrir, jusqu'à ce qu'ils soient bien chauds, environ 2 minutes. Les égoutter, puis les rincer dans une passoire sous l'eau froide. Les laisser dans la passoire pour les égoutter complètement.

2. Hacher grossièrement les oignons et râper les pommes de terre, puis les laisser reposer dans la passoire pour les égoutter.

3. Dans un grand bol, battre légèrement l'œuf. En fouettant, ajouter la farine, la coriandre, le curcuma et le cumin. Incorporer le gingembre, la coriandre fraîche et les petits pois.

4. Avec un essuie-tout, presser les pommes de terre et les oignons pour en extraire le plus de liquide possible, puis les ajouter au mélange d'œuf et bien mélanger. Assaisonner le mélange de sel et de poivre.

5. Préchauffer la friteuse Airfryer à 390 °F. Diviser le mélange en quatre portions égales et former les galettes de pommes de terre. Déposer les galettes dans le panier de cuisson et glisser le panier dans la friteuse Airfryer. Cuire 6 minutes.

Recette adaptée du site mealeasy.com.

PREP TIME: 15 minutes
COOK TIME: 15 minutes
SERVES: 3–5

Ratatouille

Ingredients

3 tomatoes, cut into ³/₄-inch cubes

¹/₂ eggplant, cut into ³/₄-inch cubes

2 yellow peppers, seeded and cut into ³/₄-inch cubes

2 small onions, cut into ³/₄-inch cubes

1 clove garlic, minced

1 teaspoon balsamic vinegar

2 tablespoons Herbs de Provence

1 tablespoon olive oil

Salt and pepper to taste

Preparation

1. Preheat Airfryer to 360°F.

2. Place all of the ingredients into a large mixing bowl and stir to combine.

3. Pour mixture into the **Philips Airfryer Non-Stick Baking Dish**.

4. Place the baking dish into the cooking basket and slide into the Airfryer. Cook for 15 minutes. Stir the vegetables once after 7 minutes.

Adapted from mealeasy.com.

 PRÉPARATION : 15 minutes
CUISSON : 15 minutes
PORTIONS : de 3 à 5

Ratatouille

Ingrédients

3 tomates, coupées en cubes de 2 cm (³/₄ po)

¹/₂ aubergine, coupée en cubes de 2 cm (³/₄ po)

2 poivrons jaunes, épépinés et coupés en cubes de 2 cm (³/₄ po)

2 petits oignons, coupés en cubes de 2 cm (³/₄ po)

1 gousse d'ail, émincée

15 ml (1 c. à soupe) de vinaigrette balsamique

30 ml (2 c. à soupe) d'herbes de Provence

15 ml (1 c. à soupe) d'huile d'olive

Sel et poivre, au goût

Préparation

1. Préchauffer la friteuse Airfryer à 360 °F.

2. Mettre tous les ingrédients dans un grand bol et bien mélanger.

3. Verser le mélange dans *l'accessoire antiadhesif pour cuisson au four Airfryer de Philips*.

4. Déposer le moule dans le panier de cuisson et glisser le panier dans la friteuse Airfryer. Cuire 15 minutes. Durant la cuisson, remuer les légumes après 7 minutes.

Recette adaptée du site mealeasy.com.

PREP TIME: 5 minutes
COOK TIME: 20 minutes
SERVES: 2–4

EN

Savory Green Beans

Ingredients

1 tablespoon olive oil

1 teaspoon Italian seasoning

$1/8$ teaspoon salt

$1/8$ teaspoon black pepper

1 pound fresh green beans

1 medium sweet onion, peeled, halved and thinly sliced

1 cup thinly sliced button mushrooms

Preparation

1. Preheat Airfryer to 360°F.

2. In a large mixing bowl, add the olive oil, Italian seasoning, salt and pepper. Thoroughly mix with a wire whisk. Add the green beans, onions and mushrooms, and toss to coat evenly.

3. Place the vegetables into the cooking basket and slide into the Airfryer. Cook for 10 minutes. Remove the basket and toss the vegetables. Slide the basket back into the Airfryer and cook for an additional 10 minutes.

 PRÉPARATION : 5 minutes
CUISSON : 20 minutes
PORTIONS : de 2 à 4

FR

Haricots verts savoureuxf

Ingrédients

15 ml (1 c. à soupe) d'huile d'olive

5 ml (1 c. à thé) d'assaisonnement à l'italienne

0,5 ml ($1/8$ c. à thé) de sel

0,5 ml ($1/8$ c. à thé) de poivre noir moulu

450 g (1 lb) de haricots verts frais

1 oignon doux moyen, épluché, coupé en deux et tranché finement

250 ml (1 tasse) de champignons de Paris tranchés finement

Préparation

1. Préchauffer la friteuse Airfryer à 360 °F.

2. Dans un grand bol, ajouter l'huile d'olive, l'assaisonnement à l'italienne, le sel et le poivre. Bien mélanger la préparation avec un fouet. Ajouter les haricots verts, l'oignon et les champignons, et remuer pour bien les enrober.

3. Déposer les légumes dans le panier de cuisson et glisser le panier dans la friteuse Airfryer. Cuire 10 minutes. Retirer le panier de cuisson et remuer les légumes. Glisser à nouveau le panier de cuisson dans la friteuse Airfryer et cuire 10 minutes de plus.

PREP TIME: 5 minutes
COOK TIME: 15 minutes
SERVES: 2

EN

PRÉPARATION : 5 minutes
CUISSON : 15 minutes
PORTIONS : 2

FR

Roasted Brussels Sprouts

Ingredients

³/₄ cup (16–20) Brussels sprouts

2 tablespoons balsamic vinaigrette

¹/₄ teaspoon salt

¹/₄ teaspoon ground black pepper

2 tablespoons brown sugar

Preparation

1. Cut a little off the bottom of the Brussels sprouts, then cut them in half. If a Brussels sprout is bigger than the size of a golf ball, then cut it into quarters.

2. Place Brussels sprouts in a bowl and add in the balsamic vinaigrette, salt, pepper and brown sugar. Toss Brussels sprouts to coat.

3. Preheat Airfryer to 390°F. Place Brussels sprouts into the cooking basket and slide into the Airfryer. Cook for 10–15 minutes, or until crispy.

Choux de Bruxelles grillés

Ingrédients

180 ml (³/₄ tasse) de choux de Bruxelles (de 16 à 20)

30 ml (2 c. à soupe) de vinaigrette balsamique

1 ml (¹/₄ c. à thé) de sel

1 ml (¹/₄ c. à thé) de poivre noir moulu

30 ml (2 c. à soupe) de cassonade

Préparation

1. Couper une petite partie de la base des choux de Bruxelles, puis les couper en deux. Couper en quatre les choux de Bruxelles qui dépassent la taille d'une balle de golf.

2. Mettre les choux de Bruxelles dans un bol et ajouter la vinaigrette balsamique, le sel, le poivre et la cassonade. Remuer les choux de Bruxelles pour bien les enrober.

3. Préchauffer la friteuse Airfryer à 390 °F. Déposer les choux de Bruxelles dans le panier de cuisson et glisser le panier dans la friteuse Airfryer. Cuire de 10 à 15 minutes, ou jusqu'à ce que les choux soient croustillants.

PREP TIME: 35 minutes
COOK TIME: 30 minutes
SERVES: 2

Rosemary Russet Potato Chips

Ingredients

2 medium russet potatoes, peeled and thinly sliced

1 tablespoon olive oil

1 teaspoon chopped rosemary

Salt and pepper to taste

Preparation

1. Place thinly sliced potatoes into a mixing bowl full of water. Soak the potatoes for 30 minutes, changing the water 2–3 times. Drain thoroughly and pat completely dry with a paper towel.

2. Preheat Airfryer to 330°F.

3. In a mixing bowl, toss the potatoes, olive oil and rosemary. Place potatoes into the cooking basket and slide into the Airfryer. Cook for 20–30 minutes, or until golden brown, shaking 2–3 times to ensure chips are cooked evenly.

4. When finished and still warm, toss in a large bowl with salt and pepper.

 PRÉPARATION : 35 minutes
CUISSON : 30 minutes
PORTIONS : 2

FR

Croustilles de pomme de terre Russet au romarin

Ingrédients

2 pommes de terre Russet moyennes, épluchées et tranchées finement

15 ml (1 c. à soupe) d'huile d'olive

5 ml (1 c. à thé) de romarin haché

Sel et poivre, au goût

Préparation

1. Mettre les pommes de terre finement tranchées dans un bol rempli d'eau. Laisser tremper les pommes de terre 30 minutes, en changeant l'eau de deux à trois fois. Égoutter les pommes de terre et bien les sécher avec un essuie-tout.

2. Préchauffer la friteuse Airfryer à 330 °F.

3. Dans un bol, mélanger les pommes de terre, l'huile d'olive et le romarin. Mettre les pommes de terre dans le panier de cuisson et glisser le panier dans la friteuse Airfryer. Cuire de 20 à 30 minutes, ou jusqu'à ce que les croustilles de pommes de terre soient dorées, en remuant deux ou trois fois pour assurer une cuisson uniforme.

4. Une fois la cuisson terminée et les croustilles encore chaudes, les saupoudrer de sel et de poivre dans un grand bol en remuant.

PREP TIME: 25 minutes
COOK TIME: 10 minutes
SERVES: 3–5

Grilled Eggplant

Ingredients

1 eggplant

$^3/_4$ teaspoon salt

2 tablespoons vegetable oil

1 clove garlic, chopped

$^1/_2$ teaspoon pepper

$^3/_4$ teaspoon caraway seeds

1 lemon, juiced

Preparation

1. Wash and dry eggplant. Place on a clean cutting board and cut into strips. Salt both sides and let it stand for 10 minutes.

2. Preheat Airfryer to 390°F. In a small bowl, combine the oil, chopped garlic, pepper and caraway seeds. Squeeze in the juice from the lemon.

3. Dry the eggplant strips with a paper towel and rub the eggplant strips with the oil mixture, coating both sides.

4. Place the eggplant strips on the *Philips Airfryer Grill Pan Accessory* and slide into the Airfryer. Cook for 10 minutes.

PRÉPARATION : 25 minutes
CUISSON : 10 minutes
PORTIONS : de 3 à 5

Aubergine grillée

Ingrédients

1 aubergine

4 ml ($^3/_4$ c. à thé) de sel

30 ml (2 c. à soupe) d'huile végétale

1 gousse d'ail, hachée

2,5 ml ($^1/_2$ c. à thé) de poivre

4 ml ($^3/_4$ c. à thé) de graines de carvi

Jus d'un citron

Préparation

1. Laver et sécher l'aubergine. Déposer l'aubergine sur une planche à découper propre et la couper en lanières. Saler les deux côtés des lanières et laisser reposer 10 minutes.

2. Préchauffer la friteuse Airfryer à 390 °F. Dans un petit bol, mélanger l'huile, l'ail haché, le poivre et les graines de carvi. Ajouter le jus du citron pressé.

3. Sécher les lanières d'aubergine avec un essuie-tout et bien enrober du mélange d'huile les deux côtés des lanières.

4. Placer les lanières d'aubergine dans la *poêle Airfryer de Philips* et la glisser dans la friteuse Airfryer. Cuire 10 minutes.

PREP TIME: 5 minutes
COOK TIME: 10 minutes
SERVES: 1

EN

PRÉPARATION : 5 minutes
CUISSON : 10 minutes
PORTIONS : 1

FR

Mushrooms with Garlic

Ingredients

1 teaspoon unsalted butter

$1/2$ teaspoon minced garlic

$1/8$ teaspoon kosher salt

$1/8$ teaspoon ground black pepper

4 button or common white mushrooms

$1 1/2$ teaspoons chopped fresh curly parsley

$1 1/2$ teaspoons grated low-sodium Parmesan cheese

Preparation

1. Preheat Airfryer to 300°F.

2. In a small microwave-safe bowl, melt the butter with the garlic, salt and pepper in the microwave.

3. Place the mushrooms in a mixing bowl and toss with garlic butter. Then put the mushrooms in the **Philips Airfryer Non-Stick Baking Dish**, place into the cooking basket and slide into the Airfryer. Cook until mushrooms are soft and juicy, for 10 minutes.

4. Just before serving, toss mushrooms with parsley and Parmesan.

Adapted from mealeasy.com.

Champignons grillés au beurre à l'ail

Ingrédients

5 ml (1 c. à thé) de beurre non salé

2,5 ml ($1/2$ c. à thé) d'ail émincé

0,5 ml ($1/8$ c. à thé) de sel kasher

0,5 ml ($1/8$ c. à thé) de poivre noir moulu

4 champignons blancs ou champignons de Paris

8 ml ($1 1/2$ c. à thé) de persil frisé frais haché

8 ml ($1 1/2$ c. à thé) de parmesan à faible teneur en sodium, râpé

Préparation

1. Préchauffer la friteuse Airfryer à 300 °F.

2. Dans un petit bol allant au micro-ondes, faire fondre au micro-ondes le beurre avec l'ail, le sel et le poivre.

3. Mettre les champignons dans un bol et bien les enrober de beurre à l'ail. Mettre ensuite les champignons dans *l'accessoire antiadhésif pour cuisson au four Airfryer de Philips*, mettre le moule dans le panier de cuisson et glisser le panier dans la friteuse Airfryer. Cuire jusqu'à ce que les champignons soient tendres et juteux, environ 10 minutes.

4. Juste avant de servir, mélanger les champignons avec le persil et le parmesan.

Recette adaptée du site mealeasy.com.

PREP TIME: 5 minutes
COOK TIME: 10 minutes
SERVES: 2

 PRÉPARATION : 5 minutes
CUISSON : 10 minutes
PORTIONS : 2

Grilled Corn on the Cob

Ingredients

2 ears sweet corn, husked

1 teaspoon vegetable oil

Pinch of salt

1 fresh lime

Preparation

1. Preheat Airfryer to 390°F.

2. Rub each ear of corn with oil and salt. Place corn into the cooking basket, breaking in half if necessary, and slide into the Airfryer. Cook for 10 minutes.

3. Squeeze the juice of ½ lime onto each ear and serve.

Épi de maïs grillé

Ingrédients

2 épis de maïs sucré, épluchés

5 ml (1 c. à thé) d'huile végétale

1 pincée de sel

1 lime fraîche

Préparation

1. Préchauffer la friteuse Airfryer à 390 °F.

2. Enrober chaque épi de maïs d'huile et de sel. Déposer les épis de maïs dans le panier de cuisson, en les brisant en deux au besoin, et glisser le panier dans la friteuse Airfryer. Cuire 10 minutes.

3. Presser le jus d'une moitié de lime sur chaque épi et servir.

PREP TIME: 15 minutes
COOK TIME: 40 minutes
SERVES: 2–4

Cheesy Baked Potato with Ham

Ingredients

2 large baking potatoes

$^1/_3$ cup diced cooked smoked ham

4 tablespoons grated Gouda cheese

1$^1/_2$ teaspoons chopped fresh dill

2 tablespoons mayonnaise or sour cream

$^1/_2$ teaspoon Tabasco sauce

Salt and pepper to taste

Preparation

1. Preheat Airfryer to 390°F.

2. Scrub potatoes thoroughly with cold water. Pat dry with a paper towel. Place potatoes into the cooking basket and slide into the Airfryer. Cook for 40 minutes.

3. Set potatoes aside until they are cool enough to handle. Cut them in half lengthwise.

4. In a small bowl, combine ham, cheese and dill. Add mayonnaise or sour cream, Tabasco sauce, salt and pepper and stir together until evenly mixed. Using a spoon, create hollows in the potatoes, scraping out some of the potato from the center. Place the stuffing in the hollowed-out potatoes. Serve.

 PRÉPARATION : 15 minutes
CUISSON : 40 minutes
PORTIONS : de 2 à 4

Pommes de terre cuites au four au fromage et au jambon

Ingrédients

2 grosses pommes de terre pour la cuisson au four

80 ml ($^1/_3$ tasse) de jambon fumé coupé en dés

60 ml (4 c. à soupe) de fromage gouda râpé

8 ml (1$^1/_2$ c. à thé) d'aneth frais haché

30 ml (2 c. à soupe) de mayonnaise ou de crème sure

2,5 ml ($^1/_2$ c. à thé) de sauce Tabasco

Sel et poivre, au goût

Préparation

1. Préchauffer la friteuse Airfryer à 390 °F.

2. Laver les pommes de terre en les frottant sous l'eau froide. Essuyer les pommes de terre avec un essuie-tout. Mettre les pommes de terre dans le panier de cuisson et glisser le panier dans la friteuse Airfryer. Cuire 40 minutes.

3. Réserver les pommes de terre jusqu'à ce qu'elles aient suffisamment refroidi pour pouvoir être manipulées. Les couper en deux dans le sens de la longueur.

4. Dans un petit bol, mélanger le jambon, le fromage et l'aneth. Ajouter la mayonnaise ou la crème sure, la sauce Tabasco, le sel et le poivre et bien mélanger. Avec une cuillère, creuser des cavités dans les pommes de terre en retirant une partie du centre. Déposer la garniture dans les pommes de terre partiellement vidées. Servir.

PREP TIME: 5 minutes
COOK TIME: 25 minutes
SERVES: 4

 EN

Twice-Baked Potatoes

Ingredients

4 baking potatoes

1 tablespoon sour cream

¼ pound salami, chopped into bite-size pieces

⅓ cup frozen peas, defrosted

1 red onion, peeled and chopped

½ red pepper, seeded and chopped

1 tablespoon fresh herbs, such as thyme or rosemary

Salt and pepper to taste

Preparation

1. Preheat Airfryer to 390°F.

2. Scrub potatoes thoroughly with cold water. Pat dry with paper towel. Place potatoes into the cooking basket and slide into the Airfryer. Cook for 25 minutes.

3. Set potatoes aside until they are cool enough to handle. Slice off the top off the potatoes. Scoop out the pulp into a medium-sized bowl and mix with sour cream. Mix in salami, peas, onion, red pepper and fresh herbs. Season with salt and pepper.

4. Fill the potato skins with the potato mixture. Place into the cooking basket and slide into the Airfryer. Cook for an additional 5 minutes and serve.

PRÉPARATION : 5 minutes
CUISSON : 25 minutes
PORTIONS : 4

FR

Pommes de terre cuites deux fois

Ingrédients

4 pommes de terre pour la cuisson au four

15 ml (1 c. à soupe) de crème sure

115 g (¼ lb) de salami, coupé en morceaux de la taille d'une bouchée

80 ml (⅓ tasse) de petits pois surgelés, décongelés

1 oignon rouge, pelé et haché

½ poivron rouge, épépiné et haché

15 ml (1 c. à soupe) d'herbes fraîches, par exemple du thym ou du romarin

Préparation

1. Préchauffer la friteuse Airfryer à 390 °F.

2. Laver les pommes de terre en les frottant sous l'eau froide. Essuyer les pommes de terre avec un essuie-tout. Mettre les pommes de terre dans le panier de cuisson et glisser le panier dans la friteuse Airfryer. Cuire 25 minutes.

3. Réserver les pommes de terre jusqu'à ce qu'elles aient suffisamment refroidi pour pouvoir être manipulées. Couper le dessus des pommes de terre. Retirer la chair à la cuillère et la mettre dans un bol moyen, puis la mélanger avec la crème sure. Incorporer le salami, les petits pois, l'oignon, le poivron rouge et les herbes fraîches au mélange. Assaisonner de sel et de poivre.

4. Garnir les coquilles de pommes de terre du mélange de pommes de terre. Déposer les pommes de terre dans le panier de cuisson et glisser le panier dans la friteuse Airfryer. Cuire 5 minutes de plus et servir.

PREP TIME: 15 minutes
COOK TIME: 10 minutes
SERVES: 3–5

Green Salad with Roasted Peppers

Ingredients

1 red bell pepper

1 tablespoon lemon juice

3 tablespoons plain Greek yogurt

2 tablespoons olive oil

Salt and pepper to taste

1 head Romaine lettuce, washed and torn into bite-size pieces

¼ cup arugula leaves, washed and torn into bite-size pieces

Preparation

1. Preheat Airfryer to 390°F.

2. Place the whole red pepper into the cooking basket and slide into the Airfryer. Cook for 10 minutes. When cool to handle, place the pepper in a bowl and cover with plastic wrap. Let stand for 15 minutes.

3. On a cutting board, cut pepper into four sections and remove the seeds. Then cut the pepper into strips.

4. To make the dressing: In a mixing bowl, whisk together lemon juice, yogurt and olive oil. Add salt and pepper to taste.

5. Place the Romaine and arugula leaves into a salad bowl. Toss with the yogurt dressing and garnish with the bell pepper strips.

 PRÉPARATION : 15 minutes
CUISSON : 10 minutes
PORTIONS : de 3 à 5

Salade verte aux poivrons grillés

Ingrédients

1 poivron rouge

15 ml (1 c. à soupe) de jus de citron

45 ml (3 c. à soupe) de yogourt grec nature

30 ml (2 c. à soupe) d'huile d'olive

Sel et poivre, au goût

1 tête de laitue romaine, lavée et déchirée en morceaux de la taille d'une bouchée

60 ml (¼ tasse) de feuilles de roquette, lavées et déchirées en morceaux de la taille d'une bouchée

Préparation

1. Préchauffer la friteuse Airfryer à 390 °F.

2. Déposer le poivron rouge entier dans le panier de cuisson et glisser le panier dans la friteuse Airfryer. Cuire 10 minutes. Lorsque le poivron est suffisamment froid pour être manipulé, le mettre dans un bol et recouvrir d'une pellicule de plastique. Laisser reposer 15 minutes.

3. Sur une planche à découper, couper le poivron en quatre sections et retirer les graines. Découper ensuite le poivron en lanières.

4. Pour préparer la vinaigrette : Dans un bol, fouetter ensemble le jus de citron, le yogourt et l'huile d'olive. Assaisonner de sel et de poivre, au goût.

5. Mettre les feuilles de laitue romaine et de roquette dans un bol à salade. Mélanger les feuilles de salade avec la vinaigrette au yogourt et garnir le dessus avec les lanières de poivron.

PREP TIME: 10 minutes
COOK TIME: 18 minutes
SERVES: 2

 PRÉPARATION : 10 minutes
CUISSON : 18 minutes
PORTIONS : 2

Fried Green Tomatoes

Ingredients

1 large egg

¹/₂ cup buttermilk

³/₄ cup all-purpose flour, divided

¹/₂ cup cornmeal

1 teaspoon salt

¹/₄ teaspoon ground black pepper

2 green tomatoes, cut into ¹/₄-inch slices

Nonstick vegetable spray

Preparation

1. In a mixing bowl, combine the egg and buttermilk. Set aside.

2. In a separate mixing bowl, combine ¹/₂ cup flour, cornmeal, salt and pepper. Set aside.

3. Preheat Airfryer to 360°F. Dredge tomato rounds into the remaining ¹/₄ cup flour, then coat evenly with the egg mixture, then with the cornmeal mixture. Spray each side lightly with cooking spray.

4. Place a single layer of tomatoes into the cooking basket and slide into the Airfryer. Cook for 5 minutes.

5. Remove basket, turn tomatoes over with a spatula or tongs and cook for another 4 minutes. Repeat until all tomatoes are cooked.

Tomates vertes frites

Ingrédients

1 gros œuf

125 ml (¹/₂ tasse) de babeurre

180 ml (³/₄ tasse) de farine tout usage, divisée

125 ml (¹/₂ tasse) de semoule de maïs

5 ml (1 c. à thé) de sel

1 ml (¹/₄ c. à thé) de poivre noir moulu

2 tomates vertes, coupées en tranches de 6 mm (¹/₄ po)

Enduit végétal antiadhésif

Préparation

1. Dans un bol, mélanger l'œuf et le babeurre. Réserver.

2. Dans un autre bol, mélanger 125 ml (¹/₂ tasse) de farine, la semoule de maïs, le sel et le poivre. Réserver.

3. Préchauffer la friteuse Airfryer à 360 °F. Tremper les tranches de tomates dans les 60 ml (¹/₄ tasse) de farine restante, puis les enrober uniformément du mélange d'œuf, puis du mélange de semoule de maïs. Vaporiser légèrement d'huile chaque côté des tranches.

4. Déposer une couche de tranches de tomate dans le panier de cuisson et glisser le panier dans la friteuse Airfryer. Cuire 5 minutes.

5. Retirer le panier, retourner les tranches avec une spatule ou des pinces, et cuire 4 minutes de plus. Répéter la procédure jusqu'à ce que toutes les tomates soient cuites.

PREP TIME: 5 minutes
COOK TIME: 4 minutes
SERVES: 2–4

EN

Roasted Cherry Tomatoes

Ingredients

½ pound cherry tomatoes

Salt and pepper to taste

Preparation

1. Preheat Airfryer to 390°F.

2. Place cherry tomatoes into the cooking basket and slide into the Airfryer. Cook for 4 minutes.

3. Season with salt and pepper.

PRÉPARATION : 5 minutes
CUISSON : 4 minutes
PORTIONS : de 2 à 4

FR

Tomates cerises grillées

Ingrédients

225 g (½ lb) de tomates cerises

Sel et poivre, au goût

Préparation

1. Préchauffer la friteuse Airfryer à 390 °F.

2. Déposer les tomates cerises dans le panier de cuisson et glisser le panier dans la friteuse Airfryer. Cuire 4 minutes.

3. Assaisonner de sel et de poivre.

PREP TIME: 5 minutes
COOK TIME: 25 minutes
SERVES: 4–6

Chili & Herb Glazed Carrots

Ingredients

3 ½ cups baby carrots

½ cup water

½ cup store-bought sweet chili sauce

2 tablespoons fresh thyme

¼ teaspoon salt

¼ teaspoon ground black pepper

Preparation

1. Preheat Airfryer to 360°F.

2. In a mixing bowl, combine all of the ingredients and mix well.

3. Place mixture into the **Philips Airfryer Non-Stick Baking Dish**.

4. Place baking dish into the cooking basket and slide into the Airfryer. Cook for 15 minutes.

5. Remove the baking dish, stir and cook for another 10 minutes, or until carrots are tender.

 PRÉPARATION : 5 minutes
CUISSON : 25 minutes
PORTIONS : de 4 à 6

Carottes glacées à la sauce chili et aux herbes

Ingrédients

875 ml (3 ½ tasses) de carottes miniatures

125 ml (½ tasse) d'eau

125 ml (½ tasse) de sauce chili douce du magasin

30 ml (2 c. à soupe) de thym frais

1 ml (¼ c. à thé) de sel

1 ml (¼ c. à thé) de poivre noir moulu

Préparation

1. Préchauffer la friteuse Airfryer à 360 °F.

2. Dans un bol, ajouter tous les ingrédients et bien mélanger.

3. Verser le mélange dans *l'accessoire antiadhesif pour cuisson au four Airfryer de Philips*.

4. Déposer le moule dans le panier de cuisson et glisser le panier dans la friteuse Airfryer. Cuire 15 minutes.

5. Retirer le panier de cuisson, remuer et cuire 10 minutes de plus, ou jusqu'à ce que les carottes soient tendres.

PREP TIME: 15 minutes
COOK TIME: 15 minutes
SERVES: 3–4

Sweet Potato Chips

Ingredients

3 medium sweet potatoes

Salt and pepper

2 tablespoons olive oil

Preparation

1. Cut the sweet potatoes into thin slices. Season with salt and pepper, and coat with olive oil.

2. Preheat Airfryer to 330°F.

3. Place the sweet potatoes into the cooking basket and slide into the Airfryer. Cook for 7 minutes. Remove the basket and shake the potatoes. Cook for another 8 minutes, or until desired crispness.

PRÉPARATION : 15 minutes
CUISSON : 15 minutes
PORTIONS : de 3 à 4

FR

Croustilles de patate douce Airfry

Ingrédients

3 patates douces moyennes

Sel et poivre

2 c. à soupe d'huile d'olive

Préparation

1. Couper les patates douces en tranches minces. Saler et poivrer; enduire d'huile d'olive.

2. Préchauffer la friteuse Airfryer à 330 °F.

3. Placer les patates douces dans le panier de cuisson et insérer ce dernier dans la friteuse Airfryer. Cuire 7 minutes. Retirer le panier et secouer les patates. Poursuivre la cuisson 8 minutes ou jusqu'à l'obtention de la texture croustillante désirée.

PREP TIME: 10 minutes
COOK TIME: 10 minutes
SERVES: 2

EN

Onion Rings

Ingredients

1 large onion, cut into $\frac{1}{4}$-inch slices

1$\frac{1}{4}$ cups all-purpose flour

1 teaspoon baking powder

1 teaspoon salt

1 large egg

1 cup milk

$\frac{3}{4}$ cup dry bread crumbs

Preparation

1. Preheat Airfryer to 360°F.

2. Separate the onion slices into rings.

3. Stir the flour, baking powder and salt together in a small bowl. Dip the onion slices into the flour mixture until they are all coated. Set aside.

4. Whisk the egg and milk with a fork. Dip the floured onion rings into the batter to coat. Spread the bread crumbs on a plate or shallow dish and dredge the rings into the crumbs, making sure they are all covered.

5. Place the onion rings into the cooking basket and slide into the Airfryer. Cook for 7–10 minutes.

 TEMPS DU PRÉPARATION: 10 minutes
TEMPS DU CUISSON: 10 minutes
PORTIONS: 2

FR

Rondelles d'oignon

Ingrédients

1 gros oignon, coupé en tranches de $\frac{1}{4}$ po

1$\frac{1}{4}$ tasse de farine tout usage

1 c. à thé de levure chimique

1 c. à thé de sel

1 gros œuf

1 tasse de lait

$\frac{3}{4}$ tasse de chapelure

Préparation

1. Préchauffer la friteuse Airfryer à 360 °F.

2. Séparer les tranches d'oignon en rondelles.

3. Dans un petit bol, combiner la farine, la levure chimique et le sel. Tremper les rondelles d'oignon dans le mélange de farine pour bien les enrober. Réserver.

4. À la fourchette, fouetter l'œuf et le lait. Tremper les rondelles d'oignon enfarinées dans le mélange d'œuf pour les enrober. Étaler la chapelure dans une assiette ou un plat peu profond et tremper les rondelles dans la chapelure, en s'assurant de bien les couvrir.

5. Placer les rondelles d'oignon dans le panier de cuisson et insérer ce dernier dans la friteuse Airfryer. Cuire de 7 à 10 minutes.

Apricot Blackberry Crumble/Crumble aux abricots et aux mûres, 202

PREP TIME: 10 minutes
COOK TIME: 20 minutes
SERVES: 3–5

Apricot Blackberry Crumble

Ingredients

1 ¼ cups apricots, halved with pits removed
1 cup blackberries
6 tablespoons sugar, divided
1 tablespoon lemon juice
1 cup all-purpose flour
Pinch of salt
⅓ cup cold butter
1 tablespoon cold water

Preparation

1. On a cutting board, cut the apricots into cubes and place in a medium-sized bowl. Add the blackberries, 1½ tablespoons sugar and lemon juice. Mix.

2. Scoop the fruit mixture into the *Philips Airfryer Non-Stick Baking Dish*.

3. In a separate bowl, mix the flour with a pinch of salt and the remaining sugar. Add the butter and 1 tablespoon cold water and rub together, using your fingertips, until you have a crumbly mixture.

4. Preheat Airfryer to 330°F.

5. Distribute the crumbly mixture evenly over the fruit and lightly press down.

6. Put the baking dish into the cooking basket and slide into the Airfryer. Cook for 20 minutes.

PRÉPARATION : 10 minutes
CUISSON : 20 minutes
PORTIONS : de 3 à 5

Crumble aux abricots et aux mûres

Ingrédients

300 ml (1 ¼ tasse) d'abricots, coupés en deux, sans noyau
250 ml (1 tasse) de mûres
90 ml (6 c. à soupe) de sucre, divisé en deux portions
15 ml (1 c. à soupe) de jus de citron
250 ml (1 tasse) de farine tout usage
1 pincée de sel
80 ml (⅓ tasse) de beurre froid
15 ml (1 c. à soupe) d'eau froide

Préparation

1. Sur une planche à découper, couper les abricots en cubes et les placer dans un bol moyen. Ajouter les mûres, 22 ml (1½ c. à soupe) de sucre et le jus de citron. Mélanger.

2. Verser à la cuillère le mélange aux fruits dans *l'accessoire antiadhésif pour cuisson au four Airfryer de Philips*.

3. Dans un autre bol, mélanger la farine, une pincée de sel et le sucre restant. Ajouter le beurre et 15 ml (1 c. à soupe) d'eau froide et mélanger en utilisant le bout de vos doigts, jusqu'à l'obtention d'une texture friable.

4. Préchauffer la friteuse Airfryer à 330 °F.

5. Répartir uniformément le mélange friable sur les fruits et presser légèrement..

6. Déposer le moule dans le panier de cuisson et glisser le panier dans la friteuse Airfryer. Cuire 20 minutes.

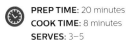 **PREP TIME:** 20 minutes
COOK TIME: 8 minutes
SERVES: 3–5

 PRÉPARATION : 20 minutes
CUISSON : 8 minutes
PORTIONS : de 3 à 5

Banana Fritters with Chocolate

Ingredients

¹/₂ cup all-purpose flour

³/₄ cup water

Pinch of salt

2 tablespoons sesame seeds

5 bananas, peeled and sliced

3 tablespoons plus 1 teaspoon shredded coconut, divided

¹/₄ pound dark chocolate

Preparation

1. In a mixing bowl, combine the flour, water, salt and sesame seeds and mix to a smooth batter.

2. Coat the bananas with flour, dip them in the batter, and roll in 3 tablespoons coconut.

3. Preheat Airfryer to 330°F. Place bananas into the cooking basket and slide into the Airfryer. Cook for 8 minutes.

4. While bananas are cooking, melt the chocolate over low heat in a double boiler, stirring constantly.

5. Carefully place the bananas in a serving dish and drizzle with melted chocolate and garnish with remaining coconut.

Beignets à la banane et au chocolat

Ingrédients

125 ml (¹/₂ tasse) de farine tout usage

180 ml (³/₄ tasse) d'eau

1 pincée de sel

30 ml (2 c. à soupe) de graines de sésame

5 bananes, pelées et coupées en tranches

45 ml (3 c. à soupe) plus 5 ml (1 c. à thé) de noix de coco râpée

115 g (¹/₄ lb) de chocolat noir

Préparation

1. Dans un bol, mélanger la farine, l'eau, le sel et les graines de sésame jusqu'à l'obtention d'une pâte lisse.

2. Enrober les bananes de farine, les tremper dans la pâte et les enrober avec les 45 ml (3 c. à soupe) de noix de coco râpée.

3. Préchauffer la friteuse Airfryer à 330 °F. Placer les bananes dans le panier de cuisson et glisser le panier dans la friteuse Airfryer. Cuire 8 minutes.

4. Pendant que les bananes cuisent, faire fondre le chocolat à feu doux dans le bain-marie, en remuant constamment.

5. Déposer délicatement les bananes dans un plat de service, les napper de chocolat fondu, puis les garnir avec le restant de noix de coco.

PREP TIME: 10 minutes
COOK TIME: 30 minutes
SERVES: 4

 EN

Churros

Ingredients

1 cup water

$^{1}/_{4}$ teaspoon salt

2 tablespoons butter

2 tablespoons sugar

1 cup all-purpose flour

$^{1}/_{2}$ teaspoon baking powder

2 large eggs

Vegetable cooking spray

$^{1}/_{4}$ cup sugar

1 teaspoon ground cinnamon

Preparation

1. In a saucepan over high heat, add the water, salt, butter and sugar. Bring to a boil, then reduce heat to medium-low.

2. Add the flour and baking powder. With a wooden spoon, stir vigorously until a ball is formed, about 1 minute. Remove from heat and let cool for 4 minutes.

3. Add 1 egg into the mixture at a time, stirring to combine.

4. Spoon the churros dough into a small pastry bag with a medium star tip.

5. Pipe the batter onto parchment paper and let rest at room temperature for 20 minutes.

6. Preheat Airfryer to 360°F. Lightly coat each churro with cooking spray. Place 6 churros into the cooking basket and slide into the Airfryer. Cook for 10 minutes.

7. While cooking, stir together the sugar and cinnamon in a mixing bowl. With tongs, carefully remove the churros from the cooking basket. Roll in the cinnamon sugar until evenly covered. Set aside. Repeat with remaining churros.

PRÉPARATION : 10 minutes
CUISSON : 30 minutes
PORTIONS : 4

FR

Churros

Ingrédients

250 ml (1 tasse) d'eau

1 ml ($^{1}/_{4}$ c. à thé) de sel

30 ml (2 c. à soupe) de beurre

30 ml (2 c. à soupe) de sucre

250 ml (1 tasse) de farine tout usage

2,5 ml ($^{1}/_{2}$ c. à thé) de poudre à pâte

2 gros œufs

Enduit de cuisson végétal

60 ml ($^{1}/_{4}$ tasse) de sucre

5 ml (1 c. à thé) de cannelle moulue

Préparation

1. Chauffer une casserole à feu vif et ajouter l'eau, le sel, le beurre et le sucre. Amener à ébullition, puis réduire le feu à moyen-doux.

2. Ajouter la farine et la poudre à pâte. À l'aide d'une cuillère en bois, remuer vigoureusement jusqu'à ce qu'une boule se forme, environ 1 minute. Retirer du feu et laisser refroidir 4 minutes.

3. Incorporer 1 œuf à la fois au mélange, en remuant pour mélanger.

4. Verser à la cuillère la pâte à churros dans une petite poche à douille avec un embout en forme d'étoile moyenne.

5. Presser la pâte avec la poche à douille sur un papier parchemin et laisser reposer 20 minutes à la température de la pièce.

6. Préchauffer la friteuse Airfryer à 360 °F. Vaporiser légèrement chaque churro d'enduit à cuisson. Déposer 6 churros dans le panier de cuisson et glisser le panier dans la friteuse Airfryer. Cuire 10 minutes.

7. Pendant que les churros cuisent, mélanger le sucre et la cannelle dans un bol. Avec des pinces, retirer délicatement les churros du panier de cuisson. Rouler les churros dans le sucre à la cannelle jusqu'à ce qu'ils soient bien enrobés.

PREP TIME: 10 minutes
COOK TIME: 4 minutes
SERVES: 2

EN

PRÉPARATION : 10 minutes
CUISSON : 4 minutes
PORTIONS : 2

FR

Chocolate Lava Cake

Ingredients

¹/₂ cup all-purpose flour

1 teaspoon baking powder

4 ounces bittersweet chocolate

3 tablespoons plus 1 teaspoon milk

3 tablespoons butter, cut into small pieces

1 large egg

¹/₃ cup confectioners' sugar

Granulated sugar for ramekins

Preparation

1. Sift together the flour and baking powder and set aside.

2. In a double boiler, melt the chocolate over low heat and stir continuously. Slowly add milk to the mixture and blend well. Remove the melted chocolate from the heat, add butter and stir until fully melted and incorporated.

3. In a separate bowl, combine the egg and sugar and beat together until a light and smooth consistency is reached.

4. Blend the egg and sugar mixture into the melted chocolate. Add in the flour and baking soda mixture, a little at a time, to avoid lumps. Mix the batter well.

5. Preheat Airfryer to 360°F.

6. Butter two ramekins, then dust the inside of the ramekins with sugar, shaking out the excess. Divide the batter between the two ramekins. Place the ramekins into the cooking basket and slide into the Airfryer. Cook for 4 minutes.

Gâteau moelleux au chocolat

Ingrédients

80 ml (¹/₂ tasse) de farine tout usage

5 ml (1 c. à thé) de poudre à pâte

115 g (4 oz) de chocolat mi-amer

45 ml (3 c. à soupe) plus 5 ml (1 c. à thé) de lait

45 ml (3 c. à soupe) de beurre, coupé en petits morceaux

1 gros œuf

80 ml (¹/₃ tasse) de sucre glace

Sucre granulé pour les ramequins

Préparation

1. Tamiser ensemble la farine et la poudre à pâte et réserver.

2. Dans un bain-marie, faire fondre le chocolat à feu doux en remuant continuellement. Ajouter lentement le lait au mélange et bien mélanger. Retirer le chocolat fondu du feu, ajouter le beurre et remuer jusqu'à ce qu'il soit complètement fondu et incorporé au mélange.

3. Dans un autre bol, mélanger l'œuf et le sucre et battre jusqu'à l'obtention d'une texture légère et lisse.

4. Incorporer le mélange d'œuf et de sucre au chocolat fondu. Ajouter le mélange de farine et de poudre à pâte, par petites quantités à la fois afin d'éviter la formation de grumeaux. Bien mélanger la pâte.

5. Préchauffer la friteuse Airfryer à 360 °F.

6. Beurrer deux ramequins, puis saupoudrer l'intérieur de sucre en les secouant ensuite pour enlever l'excédent de sucre. Diviser la pâte pour remplir les deux ramequins. Déposer les ramequins dans le panier de cuisson et glisser le panier dans la friteuse Airfryer. Cuire 4 minutes.

PREP TIME: 15 minutes
COOK TIME: 20 minutes
SERVES: 3–5

 PRÉPARATION : 15 minutes
CUISSON : 20 minutes
PORTIONS : de 3 à 5

Strawberry Cheesecake

Ingredients

²/₃ cup crushed graham crackers

3 tablespoons butter, melted

1 (8-ounce) package cream cheese

¹/₄ cup sugar

1 large egg

¹/₂ teaspoon vanilla extract

1 cup chopped strawberries

2 tablespoons sugar

Preparation

1. Preheat Airfryer to 300°F. In a mixing bowl, combine the graham crackers and butter. Mix to combine.

2. Place graham cracker mixture into the **Philips Airfryer Non-Stick Baking Dish**, pressing evenly on the bottom. Place the baking dish into the cooking basket and slide into the Airfryer. Cook for 5 minutes.

3. In a mixing bowl, beat the cream cheese and sugar until light and fluffy. Add the egg and vanilla.

4. Remove the cooking basket and pour the cream cheese mixture over the crust. Place the basket back into the Airfryer and cook for 15 minutes. Cool completely.

5. In a mixing bowl, combine the strawberries and sugar. Top cheesecake with the mixture.

Gâteau au fromage aux fraises

Ingrédients

160 ml (²/₃ tasse) de biscuits Graham émiettés

45 ml (3 c. à soupe) de beurre, fondu

1 paquet de 225 g (8 oz) de fromage à la crème

60 ml (¹/₄ tasse) de sucre

1 gros œuf

2,5 ml (¹/₂ c. à thé) d'extrait de vanille

250 ml (1 tasse) de fraises hachées

30 ml (2 c. à soupe) de sucre

Préparation

1. Préchauffer la friteuse Airfryer à 300 °F. Dans un bol, mélanger les biscuits Graham et le beurre. Bien mélanger.

2. Verser le mélange de biscuits Graham dans **l'accessoire antiadhesif pour cuisson au four Airfryer de Philips**, en pressant uniformément la préparation vers le fond. Déposer le moule dans le panier de cuisson et glisser le panier dans la friteuse Airfryer. Cuire 5 minutes.

3. Dans un bol, battre le fromage à la crème et le sucre jusqu'à l'obtention d'une consistance légère. Ajouter l'œuf et la vanille.

4. Retirer le panier de cuisson de la friteuse et verser le mélange au fromage à la crème sur la croûte. Glisser à nouveau le panier de cuisson dans la friteuse Airfryer et cuire 15 minutes. Laisser refroidir complètement.

5. Dans un bol, mélanger les fraises et le sucre. Garnir le gâteau au fromage du mélange aux fraises.

PREP TIME: 10 minutes
COOK TIME: 50 minutes
SERVES: 3–5

Almond Cake

Ingredients

1 stick butter, softened

$^1/_2$ cup powdered sugar

2 large eggs

$^1/_3$ cup all-purpose flour

3 tablespoons plus 1 teaspoon almond powder

$^1/_2$ cup chopped dried apricots

1 teaspoon orange zest

1 tablespoon sliced almonds

Preparation

1. Preheat Airfryer to 330°F.

2. In a mixing bowl, blend the butter and sugar using an electric mixer. Add the eggs, one by one, while continuing to mix.

3. Add in the flour, almond powder, apricots and orange zest. Mix well.

4. Brush a thin layer of butter inside the **Philips Airfryer Non-Stick Baking Dish**. Pour in the batter. Spread the sliced almonds on top. Place the baking dish into the cooking basket and slide into the Airfryer. Bake for 50 minutes. Let the cake cool for at least 10 minutes before cutting.

 PRÉPARATION : 10 minutes
CUISSON : 50 minutes
PORTIONS : de 3 à 5

Gâteau aux amandes

Ingrédients

125 ml ($^1/_2$ tasse) de beurre, ramolli

125 ml ($^1/_2$ tasse) de sucre en poudre

2 gros œufs

80 ml ($^1/_3$ tasse) de farine tout usage

45 ml (3 c. à soupe) plus 5 ml (1 c. à thé) de poudre d'amande

125 ml ($^1/_2$ tasse) d'abricots secs hachés

5 ml (1 c. à thé) de zeste d'orange

15 ml (1 c. à soupe) d'amandes tranchées

Préparation

1. Préchauffer la friteuse Airfryer à 330 °F.

2. Dans un bol, mélanger le beurre et le sucre au batteur électrique. Ajouter les œufs, un par un, en continuant de mélanger.

3. Ajouter la farine, la poudre d'amande, les abricots et le zeste d'orange. Bien mélanger.

4. Badigeonner une fine couche de beurre à l'intérieur du de *l'accessoire antiadhesif pour cuisson au four Airfryer de Philips*. Verser la pâte dans le moule. Saupoudrer les amandes tranchées sur le dessus de la pâte. Déposer le moule dans le panier de cuisson et glisser le panier dans la friteuse Airfryer. Cuire 50 minutes. Laisser refroidir au moins 10 minutes avant de découper.

PREP TIME: 15 minutes
COOK TIME: 10 minutes
SERVES: 3–5

 PRÉPARATION : 15 minutes
CUISSON : 10 minutes
PORTIONS : de 3 à 5

Classic Brownies

Ingredients

4 ounces bittersweet chocolate

5 tablespoons butter

1 large egg

¼ cup sugar

1 teaspoon vanilla extract

Pinch of salt

4 tablespoons all-purpose flour

2 tablespoons chopped walnuts

Preparation

1. Line the *Philips Airfryer Non-Stick Baking Dish* with parchment paper.

2. Preheat Airfryer to 360°F.

3. Melt the chocolate and butter together in a double boiler. Stir often. Allow mixture to cool to room temperature.

4. In a large mixing bowl, beat the egg with the sugar, vanilla and a pinch of salt until light and creamy.

5. Gently mix in the chocolate mixture until fully combined.

6. Fold the flour and nuts into the bowl with the chocolate and egg mixture.

7. Spread the batter into the baking dish.

8. Place the baking dish into the cooking basket and slide into the Airfryer. Cook for 10 minutes. Brownies should be just barely set. Let cool before cutting.

Brownies classiques

Ingrédients

115 g (4 oz) de chocolat mi-amer

75 ml (5 c. à soupe) de beurre

1 gros œuf

60 ml (¼ tasse) de sucre

5 ml (1 c. à thé) d'extrait de vanille

1 pincée de sel

60 ml (4 c. à soupe) de farine tout usage

30 ml (2 c. à soupe) de noix hachées

Préparation

1. Tapisser de papier parchemin *l'accessoire antiadhesif pour cuisson au four Airfryer de Philips.*

2. Préchauffer la friteuse Airfryer à 360 °F.

3. Faire fondre le chocolat et le beurre dans un bain-marie. Remuer souvent. Laisser le mélange refroidir à la température de la pièce.

4. Dans un grand bol, battre l'œuf, le sucre, la vanille et une pincée de sel jusqu'à l'obtention d'une consistance légère et crémeuse.

5. Incorporer délicatement le mélange au chocolat jusqu'à ce qu'il soit bien mélangé.

6. Incorporer la farine et les noix au bol contenant le mélange au chocolat et à l'œuf.

7. Répartir uniformément la pâte dans le moule.

8. Déposer le moule dans le panier de cuisson et glisser le panier dans la friteuse Airfryer. Cuire 10 minutes. Les brownies devraient tout juste avoir pris. Laisser refroidir avant de couper.

PREP TIME: 10 minutes
COOK TIME: 35 minutes
SERVES: 3–5

 PRÉPARATION : 10 minutes
CUISSON : 35 minutes
PORTIONS : de 3 à 5

Ricotta & Lemon Cheesecake

Ingredients

2 ½ cups extra smooth ricotta cheese

¾ cup sugar

2 teaspoons vanilla extract

1 lemon, zested and juiced

3 large eggs

3 tablespoons cornstarch

Preparation

1. Preheat Airfryer to 330°F.

2. In a mixing bowl, combine the ricotta, sugar, vanilla, lemon juice and lemon zest. Mix the ingredients until they are well combined and form a smooth consistency.

3. Add the eggs 1 at a time and stir well. Add the cornstarch and mix. Pour mixture into the **Philips Airfryer Non-Stick Baking Dish**.

4. Place the baking dish into the cooking basket and slide into the Airfryer. Cook for 35 minutes, or until center is set.

Gâteau au fromage ricotta et au citron

Ingrédients

625 ml (2 ½ tasses) Ricotta extra onctueuse

180 ml (¾ tasse) de sucre

10 ml (2 c. à thé) d'extrait de vanille

zeste et jus d'un citron

3 gros œufs

45 ml (3 c. à soupe) de fécule de maïs

Préparation

1. Préchauffer la friteuse Airfryer à 330 °F.

2. Dans un bol, mélanger le ricotta, le sucre, la vanille, le jus de citron et le zeste de citron. Mélanger les ingrédients jusqu'à ce que la préparation soit bien mélangée et ait une consistance lisse.

3. Ajouter les œufs, un à la fois, et bien remuer. Ajouter la fécule de maïs et mélanger. Verser le mélange dans **l'accessoire antiadhésif pour cuisson au four Airfryer de Philips**.

4. Déposer le moule dans le panier de cuisson et glisser le panier dans la friteuse Airfryer. Cuire 35 minutes, ou jusqu'à ce que le centre ait pris.

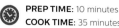 **PREP TIME:** 10 minutes
COOK TIME: 35 minutes
SERVES: 3–5

 PRÉPARATION : 10 minutes
CUISSON : 35 minutes
PORTIONS : de 3 à 5

Banana Chocolate Walnut Cake

Ingredients

⅓ cup bittersweet chocolate

2 teaspoons hazelnut chocolate spread

2 bananas, divided

3 tablespoons butter, softened

½ cup sugar

2 large eggs, beaten

½ cup milk

1 teaspoon baking powder, sifted

⅓ cup cake flour

2 tablespoons plus 1 teaspoon chopped walnuts

½ cup chocolate spread

1 teaspoon cocoa powder

¼ cup chopped walnuts for garnish

Preparation

1. Combine bittersweet chocolate and hazelnut chocolate spread. Mix well and melt in a double boiler.

2. Mash 1 banana on a plate and set aside.

3. Place the butter and sugar in a bowl and whisk until creamy and yellow colored. Add the beaten eggs and melted chocolate.

4. Heat the milk in a saucepan until just warm. Whisk in the sifted baking powder, cake flour and chocolate batter. Add the mashed banana and walnuts into the mixture.

5. Preheat Airfryer to 330°F.

6. Pour the mixture into the *Philips Airfryer Non-Stick Baking Dish*.

7. Place the baking dish into the cooking basket and slide into the Airfryer. Cook for 35 minutes.

8. Remove the baking dish from the basket and allow to cool on a wire rack.

9. When cool, top with chocolate spread and sprinkle on cocoa powder. Slice remaining banana and place walnut halves on top of cake.

Gâteau chocolat, banane et noix

Ingrédients

80 ml (⅓ tasse) de chocolat mi-amer

10 ml (2 c. à thé) de tartinade noisette et chocolat

2 bananes

45 ml (3 c. à soupe) de beurre, ramolli

125 ml (½ tasse) de sucre

2 gros œufs, battus

125 ml (½ tasse) de lait

5 ml (1 c. à thé) de poudre à pâte, tamisée

80 ml (⅓ tasse) de farine à gâteau

30 ml (2 c. à soupe) plus 5 ml (1 c. à thé) de noix hachées

125 ml (½ tasse) de tartinade au chocolat

5 ml (1 c. à thé) de poudre de cacao

60 ml (¼ tasse) de noix hachées pour garnir

Préparation

1. Mélanger le chocolat mi-amer et la tartinade noisette et chocolat. Bien mélanger et faire fondre dans un bain-marie.

2. Écraser 1 banane dans un plat et réserver.

3. Déposer le beurre et le sucre dans un bol et battre jusqu'à l'obtention d'une texture crémeuse et jaune. Ajouter les œufs battus et le chocolat fondu.

4. Chauffer le lait dans une casserole jusqu'à ce qu'il soit tiède. En fouettant, ajouter la poudre à pâte tamisée, la farine à gâteau et la pâte au chocolat. Ajouter au mélange la banane écrasée et les noix.

5. Préchauffer la friteuse Airfryer à 330 °F.

6. Verser le mélange dans le *l'accessoire antiadhésif pour cuisson au four Airfryer de Philips*.

7. Déposer le moule dans le panier de cuisson et glisser le panier dans la friteuse Airfryer. Cuire 35 minutes.

8. Retirer le moule du panier de cuisson et le laisser refroidir sur une grille.

9. Une fois la gâteau refroidi, le garnir de tartinade au chocolat et le saupoudrer de poudre de cacao. Trancher l'autre banane et en garnir le dessus du gâteau avec des moitiés de noix.

PREP TIME: 13 minutes
COOK TIME: 24 minutes
SERVES: 3–5

EN

PRÉPARATION : 13 minutes
CUISSON : 24 minutes
PORTIONS : de 3 à 5

FR

Raspberry Cupcakes

Ingredients

¹/₃ cup self-rising flour

10 tablespoons softened butter, divided

¹/₃ cup sugar

1 large egg

3 tablespoons milk

2 tablespoons shredded coconut

¹/₄ teaspoon vanilla

¹/₂ cup confectioners' sugar

1 tablespoon raspberry juice

¹/₄ cup raspberries, washed and dried

Preparation

1. Sift the flour into a mixing bowl. In another bowl, beat 7 tablespoons butter and sugar with an electric beater until light and fluffy, for approximately 8–10 minutes.

2. Add in the egg, milk, shredded coconut, vanilla and sifted flour. Continue to mix well until mixture combines to a smooth consistency.

3. Preheat Airfryer to 360°F. Spoon the batter evenly into eight double-layer cupcake molds, filling two-thirds high. Place them into the cooking basket and slide into the Airfryer, 4 cupcakes at a time. Bake each batch for 12 minutes.

4. Let cupcakes cool on a wire rack. To prepare frosting, whisk 3 tablespoons butter, confectioners' sugar and raspberry juice with an electric beater. Start at low speed and then continue at high speed to mix until the frosting is smooth and silky. Frost cupcakes with a piping bag or a butter knife. Top with fresh raspberries.

Petits gâteaux aux framboises

Ingrédients

80 ml (¹/₃ tasse) de farine à levure

150 ml (10 c. à soupe) de beurre ramolli, divisé

80 ml (¹/₃ tasse) de sucre

1 gros œuf

45 ml (3 c. à soupe) de lait

30 ml (2 c. à soupe) de noix de coco râpée

1 ml (¹/₄ c. à thé) de vanille

125 ml (¹/₂ tasse) de sucre glace

15 ml (1 c. à soupe) de jus de framboise

60 ml (¹/₄ tasse) de framboises, lavées et séchées

Préparation

1. Tamiser la farine dans un bol. Dans un autre bol, battre au batteur électrique 105 ml (7 c. à soupe) de beurre et le sucre, de 8 à 10 minutes, jusqu'à l'obtention d'une consistance légère.

2. Ajouter l'œuf, le lait, la noix de coco râpée, la vanille et la farine tamisée. Continuer à bien mélanger jusqu'à ce que la consistance du mélange soit lisse.

3. Préchauffer la friteuse Airfryer à 360 °F. Verser uniformément à la cuillère la pâte dans huit moules à petits gâteaux doublés, en les remplissant aux ²/₃. Placer les moules dans le panier de cuisson et glisser le panier dans la friteuse Airfryer, 4 moules à la fois. Cuire chaque lot de petits gâteaux 12 minutes.

4. Laisser les petits gâteaux refroidir sur une grille. Pour préparer le glaçage, fouetter au batteur électrique 45 ml (3 c. à soupe) de beurre, le sucre glace et le jus de framboise. Commencer à basse vitesse, puis continuer à haute vitesse jusqu'à ce que le glaçage soit lisse et soyeux. Recouvrir les petits gâteaux de glaçage à l'aide d'une poche à douille ou d'un couteau à beurre. Garnir de framboises fraîches.

PREP TIME: 15 minutes
COOK TIME: 25 minutes
SERVES: 3–5

EN

Chocolate Cake

Ingredients

Cake:

¹/₄ teaspoon baking powder

¹/₂ cup all-purpose flour

3 tablespoons cocoa powder

6 tablespoons unsalted butter, softened

¹/₃ cup sugar

1 large egg

¹/₂ teaspoon vanilla

¹/₃ cup sour cream

Icing:

3 tablespoons unsalted butter, softened

¹/₂ cup confectioners' sugar

2 tablespoons whole milk

5 ounces dark chocolate

Preparation

1. Preheat Airfryer to 300°F. In a small bowl, combine the baking powder, flour and cocoa powder.

2. In a medium-sized mixing bowl, cream together the butter and sugar until light and fluffy. Add the egg and vanilla and mix to combine. Add the flour mixture and sour cream, alternating until evenly incorporated. Place the cake mixture into the *Philips Airfryer Non-Stick Baking Dish*.

3. Place the baking dish into the cooking basket and slide into the Airfryer. Cook for 25 minutes, or until cooked through.

4. Remove the baking dish from the cooking basket. Remove the cake from the baking dish and allow to cool on a wire rack.

5. In a mixing bowl, combine the butter, confectioners' sugar and milk. Whip until fluffy.

6. Melt the chocolate on a low setting in the microwave for 2 minutes; stir, then microwave for an additional minute, or until fully melted. Let it cool for 3 minutes. Add to butter mixture, whipping to combine. Cover cake with the chocolate icing.

 TEMPS DU PRÉPARATION : 15 minutes
CUISSON : 25 minutes
PORTIONS : de 3 à 5

FR

Gâteau au chocolat

Ingrédients

Ingrédients du gâteau :

1 ml (¹/₄ c. à thé) de poudre à pâte

125 ml (¹/₂ tasse) de farine tout usage

45 ml (3 c. à soupe) de poudre de cacao

90 ml (6 c. à soupe) de beurre non salé, ramolli

80 ml (¹/₃ tasse) de sucre

1 gros œuf

2,5 ml (¹/₂ c. à thé) de vanille

80 ml (¹/₃ tasse) de crème sure

Glaçage :

45 ml (3 c. à soupe) de beurre non salé, ramolli

125 ml (¹/₂ tasse) de sucre glace

30 ml (2 c. à soupe) de lait entier

140 g (5 oz) de chocolat noir

Préparation

1. Préchauffer la friteuse Airfryer à 300 °F. Dans un petit bol, mélanger la poudre à pâte, la farine et la poudre de cacao.

2. Dans un bol moyen, battre le beurre et le sucre en crème jusqu'à l'obtention d'une texture légère. Ajouter l'œuf et la vanille et bien mélanger. Ajouter le mélange de farine et la crème sure, en alternant, jusqu'à ce qu'ils soient incorporés uniformément au mélange. Verser le mélange de gâteau dans *l'accessoire antiadhésif pour cuisson au four Airfryer de Philips*.

3. Déposer le moule dans le panier de cuisson et glisser le panier dans la friteuse Airfryer. Cuire 25 minutes, ou jusqu'à ce que le tout soit bien cuit.

4. Retirer le moule du panier de cuisson. Retirer le gâteau du moule et le laisser refroidir sur une grille.

5. Dans un bol, mélanger le beurre, le sucre glace et le lait. Fouetter jusqu'à l'obtention d'une texture légère.

6. Faire fondre le chocolat à feu bas au micro-ondes durant 2 minutes; remuer, puis poursuivre la cuisson au micro-ondes une minute de plus, ou jusqu'à ce que le chocolat ait entièrement fondu. Laisser refroidir 3 minutes. Ajouter au mélange de beurre et fouetter pour mélanger. Recouvrir le gâteau du glaçage au chocolat.

PREP TIME: 10 minutes
COOK TIME: 12 minutes
SERVES: 3–5

EN

Pineapple with Honey

Ingredients

1 small pineapple, skinless, coreless, cut in half lengthwise

2 tablespoons honey

1 tablespoon fresh lime juice

2 tablespoons dry shredded coconut

Preparation

1. Preheat Airfryer to 360°F.

2. Cut each half of the pineapple lengthwise into four wedges.

3. In a bowl, combine the honey and lime juice.

4. Brush the pineapple slices with the honey mixture and sprinkle the coconut on top.

5. Place the pineapple wedges into the cooking basket and slide into the Airfryer. Cook for 12 minutes.

PRÉPARATION : 10 minutes
CUISSON : 12 minutes
PORTIONS : de 3 à 5

FR

Ananas au miel

Ingrédients

1 petit ananas, épluché, le cœur enlevé, coupé en deux sur la longueur

30 ml (2 c. à soupe) de miel

15 ml (1 c. à soupe) de jus de lime frais

30 ml (2 c. à soupe) de noix de coco râpée séchée

Préparation

1. Préchauffer la friteuse Airfryer à 360 °F.

2. Couper chaque moitié de l'ananas sur la longueur pour créer quatre quartiers.

3. Dans un bol, mélanger le miel et le jus de lime.

4. Badigeonner du mélange au miel les quartiers d'ananas et saupoudrer de noix de coco le dessus.

5. Placer les quartiers d'ananas dans le panier de cuisson et glisser le panier dans la friteuse Airfryer. Cuire 12 minutes.

PREP TIME: 20 minutes
COOK TIME: 30 minutes
SERVES: 6

EN

 PRÉPARATION : 20 minutes
CUISSON : 30 minutes
PORTIONS : 6

FR

Vanilla Soufflé

Ingredients

¼ cup all-purpose flour
¼ cup butter, softened
1 cup whole milk
¼ cup sugar
1 vanilla bean, split
Vegetable cooking spray
4 large egg yolks

2 teaspoons vanilla extract
5 egg whites
2 tablespoons sugar
1 teaspoon cream of tartar

Preparation

1. In a mixing bowl, mix the flour and butter until it is a smooth paste.

2. In a saucepan, heat the milk and sugar over medium heat until the sugar is dissolved, stirring often. Add the vanilla bean and bring to a boil.

3. To make the soufflé mixture, add the flour and butter mixture to the boiling milk. Using a wire whisk, beat vigorously to remove any lumps. Simmer for several minutes until the mix thickens. Remove from heat. Remove the vanilla bean and cool for 10 minutes in an ice bath.

4. While the mix is cooling, take six 3-inch ramekins and coat with vegetable cooking spray.

5. Preheat Airfryer to 330°F. In a separate mixing bowl, quickly beat the egg yolks and vanilla extract. Combine with the soufflé mixture.

6. In a separate mixing bowl, beat the egg whites, sugar and cream of tartar until the egg whites form stiff peaks.

7. Fold the egg whites into the soufflé mixture, pour into the ramekins and smooth the tops.

8. Place three ramekins into the cooking basket and slide into the Airfryer. Cook for 15 minutes. Repeat the process until all are cooked.

Soufflé à la vanille

Ingrédients

60 ml (¼ tasse) de farine tout usage
60 ml (¼ tasse) de beurre, ramolli
250 ml (1 tasse) de lait entier
60 ml (¼ tasse) de sucre
1 gousse de vanille, fendue
Enduit de cuisson végétal

Les jaunes de 4 gros œufs
10 ml (2 c. à thé) d'extrait de vanille
5 blancs d'œufs
30 ml (2 c. à soupe) de sucre
5 ml (1 c. à thé) de crème de tartre

Préparation

1. Dans un bol, mélanger la farine et le beurre jusqu'à l'obtention d'une pâte lisse.

2. Dans une casserole, chauffer le lait et le sucre à feu moyen jusqu'à ce que le sucre soit dissous, en remuant souvent. Ajouter la gousse de vanille et amener à ébullition.

3. Pour préparer le mélange de soufflé, ajouter le mélange de farine et de beurre au lait bouillant. À l'aide d'un fouet, battre vigoureusement pour éliminer les grumeaux. Laisser mijoter plusieurs minutes, jusqu'à ce que le mélange s'épaississe. Retirer du feu. Retirer la gousse de vanille et laisser refroidir 10 minutes dans un bain de glace.

4. Pendant que le mélange refroidit, prendre six ramequins de 15 cm (6 po) et les vaporiser d'enduit de cuisson.

5. Préchauffer la friteuse Airfryer à 330 °F. Dans un autre bol, battre rapidement les jaunes d'œufs et l'extrait de vanille. Incorporer au mélange à soufflé.

6. Dans un autre bol, battre les blancs d'œufs, le sucre et la crème de tartre jusqu'à ce que les blancs d'œufs forment des pics fermes.

7. Incorporer les blancs d'œufs au mélange à soufflé, verser le mélange dans les ramequins et lisser le dessus.

8. Déposer trois ramequins dans le panier de cuisson et glisser le panier dans la friteuse Airfryer. Cuire 15 minutes. Répéter la procédure jusqu'à ce que tous les soufflés aient été cuits.

PREP TIME: 20 minutes
COOK TIME: 30 minutes
SERVES: 4

EN

PRÉPARATION : 20 minutes
CUISSON : 30 minutes
PORTIONS : 4

FR

Coconut Flan

Ingredients

Vegetable cooking spray

$^1/_2$ cup sugar

1$^1/_2$ tablespoons water

$^1/_4$ cup evaporated milk

$^1/_4$ cup sweetened condensed milk

$^3/_4$ cup canned coconut milk

2 large eggs, beaten

1 large egg yolk

$^1/_4$ cup sweetened shredded coconut flakes for garnish

Preparation

1. Lightly coat four 4-ounce ramekins or one 6-inch round cake pan with vegetable spray.

2. Preheat Airfryer to 330°F. Bring 2 cups of water to a boil and pour into preheated Airfryer.

3. In a small saucepan, add sugar and water. Cook over medium-high heat, swirling the pan constantly until the sugar turns a rich amber color, for approximately 10 minutes. Immediately pour 1 to 2 tablespoons of the caramel into the bottom of each ramekin.

4. In a mixing bowl, blend the 3 different milks with a wire whisk, adding the eggs and egg yolk last. Once well blended, ladle the custard base into the ramekins.

5. Cover each ramekin with aluminum foil and place into the cooking basket and slide into the Airfryer. Cook for 30 minutes.

6. Once cooled, remove the ramekins and place in the refrigerator, uncovered. In a medium-sized skillet, brown the coconut flakes over medium-high heat, stirring often. Add toasted coconut flakes to the top of the flan.

Flan à la noix de coco

Ingrédients

Enduit de cuisson végétal

125 ml ($^1/_2$ tasse) de sucre

22 ml (1$^1/_2$ c. à soupe) d'eau

60 ml ($^1/_4$ tasse) de lait concentré

60 ml ($^1/_4$ tasse) de lait concentré sucré

180 ml ($^3/_4$ tasse) de lait de noix de coco en boîte

2 gros œufs, battus

Le jaune d'un gros œuf

60 ml ($^1/_4$ tasse) de flocons de noix de coco râpée et sucrée pour garnir

Préparation

1. Vaporiser légèrement d'enduit végétal à cuisson quatre ramequins de 120 ml (4 oz) ou un moule à gâteau rond de 15 cm (6 po) de diamètre.

2. Préchauffer la friteuse Airfryer à 330 °F. Amener à ébullition 500 ml (2 tasses) d'eau et la verser dans la friteuse Airfryer préchauffée.

3. Dans une petite casserole, verser le sucre et l'eau. Chauffer à feu moyen-vif, environ 10 minutes, en faisant tourner constamment la casserole, jusqu'à ce que le sucre prenne une riche couleur ambrée. Verser immédiatement 15 à 30 ml (1 à 2 c. à soupe) de caramel au fond de chaque ramequin.

4. Dans un bol, mélanger les 3 laits différents avec un fouet, puis ajouter les œufs et le jaune d'œuf. Une fois la préparation de crème anglaise bien mélangée, la verser à la louche dans les ramequins.

5. Couvrir chaque ramequin de papier aluminium, déposer les ramequins dans le panier de cuisson et glisser le panier dans la friteuse Airfryer. Cuire 30 minutes.

6. Une fois les ramequins refroidis, les retirer et les mettre au réfrigérateur, non couverts. Dans une poêle de taille moyenne, faire dorer les flocons de noix de coco à feu moyen-vif, en remuant souvent. Ajouter les flocons de noix de coco rôtis sur le dessus du flanc.

PREP TIME: 15 minutes
COOK TIME: 5 minutes
SERVES: 3–6

 PRÉPARATION : 15 minutes
CUISSON : 5 minutes
PORTIONS : de 3 à 6

Gooey Peanut Butter Turnovers

Ingredients

6 sheets phyllo pastry (9" x 13½")
6 tablespoons melted butter
6 tablespoons chunky peanut butter
6 teaspoons marshmallow fluff

Preparation

1. Preheat Airfryer to 330°F.

2. Place 1 phyllo sheet on a cutting board and brush it with melted butter, making sure to cover from edge to edge. Fold phyllo in half lengthwise.

3. Place 1 tablespoon peanut butter and 1 teaspoon marshmallow at the top center of the phyllo dough, leaving about 1 inch of room from the top edge.

4. Brush the melted butter around the top edges of the phyllo dough and 1 inch below the filling, making a square. Fold the left corner over the filling to form a triangle. Press the buttered edges together to seal. Continue folding the dough from side to side in a triangle shape, brushing edges with butter as needed until you reach the end of the dough. Brush the bottom edge of the dough with butter, fold over and press to seal.

5. Repeat steps 2–4 until all 6 sheets of phyllo are used.

6. Place 3 turnovers at a time into the cooking basket and slide into the Airfryer. Cook for 5 minutes.

Chaussons au beurre d'arachide fondant

Ingrédients

6 feuilles de pâte phyllo (23 x 34 cm) (9 x 13½ po)
90 ml (6 c. à soupe) de beurre fondu
90 ml (6 c. à soupe) de beurre d'arachide croquant
30 ml (6 c. à thé) de guimauve à tartiner

Préparation

1. Préchauffer la friteuse Airfryer à 330 °F.

2. Déposer une feuille de pâte phyllo sur une planche à découper et la badigeonner de beurre fondu, en veillant à badigeonner la surface d'un bord à l'autre. Plier la feuille en deux sur la longueur.

3. Déposer 15 ml (1 c. à soupe) de beurre d'arachide et 5 ml (1 c. à thé) de guimauve au centre de la partie supérieure de la feuille de pâte phyllo, en laissant environ 2,5 cm (1 po) d'espace à partir du bord supérieur.

4. Badigeonner de beurre fondu les bords supérieurs de la feuille de pâte phyllo et 2,5 cm (1 cm) sous la garniture, en créant un carré. Replier le coin gauche sur la garniture pour former un triangle. Presser les bords beurrés ensemble pour les sceller. Continuer à replier la pâte d'un côté et de l'autre en formant toujours un triangle et en badigeonnant les bords de beurre au besoin, jusqu'à l'extrémité de la feuille de pâte. Badigeonner de beurre le bord inférieur de la feuille de pâte, la replier et presser pour sceller.

5. Répéter les étapes 2 à 4 avec les 6 feuilles de pâte phyllo.

6. Déposer 3 chaussons dans le panier de cuisson et glisser le panier dans la friteuse Airfryer. Cuire 5 minutes.

PREP TIME: 15 minutes
COOK TIME: 16 minutes
SERVES: 8

EN

 PRÉPARATION : 15 minutes
CUISSON : 16 minutes
PORTIONS : 8

FR

Cinnamon and Sugar Doughnuts

Ingredients

2 tablespoons butter, room temperature

1/2 cup sugar

2 large egg yolks

1 1/4 cups all-purpose flour

1 1/2 teaspoons baking powder

1 teaspoon salt

1/2 cup sour cream, divided

4 tablespoons butter, melted

Cinnamon sugar:

1/3 cup sugar

1 teaspoon ground cinnamon

Preparation

1. In a mixing bowl, press together the butter and sugar until crumbly. Add the egg yolks and stir until well combined.

2. Sift the flour, baking powder and salt into a separate mixing bowl. Add half of the flour mixture and 1/4 cup of the sour cream. When well combined, add the remaining flour and the remaining sour cream; mix until well combined. Leave in the bowl and proof in the refrigerator for an hour.

3. Lightly flour a cutting board and roll out the dough until about 1/3 inch thick. Use a 3-inch pastry cutter to cut 7 circles into the dough, then use a 1-inch pastry cutter to cut center holes to create the doughnut. Re-form the dough from the holes to make an extra doughnut.

4. Preheat Airfryer to 360°F. In a small bowl, combine the sugar and cinnamon. Set aside.

5. Use a pastry brush to thinly coat both sides of the doughnuts with the melted butter. Place 4 doughnuts into the cooking basket and slide into the Airfryer. Cook for 8 minutes.

4. Remove the doughnuts and immediately brush the melted butter to coat the doughnuts again and dip into the cinnamon sugar mixture. Repeat with the remaining doughnuts. Serve hot.

Beignes à la cannelle et au sucre

Ingrédients

30 ml (2 c. à soupe) de beurre, à la température de la pièce

125 ml (1/2 tasse) de sucre

Les jaunes de 2 gros œufs

295 ml (1 1/4 tasse) de farine tout usage

7 ml (1 1/2 c. à thé) de poudre à pâte

5 ml (1 c. à thé) de sel

125 ml (1/2 tasse) de crème sure, divisée en deux portions

60 ml (4 c. à soupe) de beurre, fondu

Cinnamon sugar:

80 ml (1/3 tasse) de sucre

5 ml (1 c. à thé) de cannelle moulue

Préparation

1. Dans un bol, mélanger le beurre et le sucre jusqu'à l'obtention d'une texture granuleuse. Ajouter les jaunes d'œufs et remuer pour bien mélanger.

2. Tamiser la farine, la poudre à pâte et le sel dans un autre bol. Ajouter la moitié du mélange de farine et le quart de la crème sure. Lorsque le tout est bien mélangé, ajouter le restant de la farine et de la crème sure; bien mélanger. Laisser reposer dans le bol au réfrigérateur durant une heure.

3. Fariner légèrement une planche à découper et abaisser la pâte jusqu'à ce qu'elle ait 8 mm (1/3 po) d'épaisseur. Utiliser un coupe-pâte de 8 cm (3 po) pour découper sept cercles dans la pâte, puis utiliser un coupe-pâte de 2,5 cm (1 po) pour découper des trous au centre des cercles afin de créer les beignes. Confectionner un beigne supplémentaire à partir de la pâte provenant des trous découpés.

4. Préchauffer la friteuse Airfryer à 360 °F. Dans un petit bol, mélanger le sucre et la cannelle. Réserver.

5. Utiliser un pinceau à pâtisserie pour badigeonner légèrement de beurre fondu les deux faces des beignes. Déposer 4 beignes dans le panier de cuisson et glisser le panier dans la friteuse Airfryer. Cuire 8 minutes.

6. Retirer les beignes, les badigeonner immédiatement de beurre fondu et les tremper dans le mélange de cannelle et de sucre. Répéter l'opération avec les beignes restants. Servir chaud.

Notes